廣利吉治 著

愛着と共感による自閉スペクトラム症児（ASD）の発達支援

エピソードで語る障害のある子どもたちの保育臨床

福村出版

目次

第5章 ＡＳＤ児の自我形成

はじめに

筆者が大学院生の頃、児童相談所で療育手帳の判定のアルバイトをしていたときに、近畿地方のＡ市に「保育研究室」の設置が予定され、そのスタッフとして入職したのが障害児保育に関わるきっかけでした。それはちょうど当時の厚生省管轄の元で障害児保育が開始される１９７４年のことでした。同年「障害児保育実施要綱」が発表され、保育所では「障害児保育」が開始されました。

その頃、大阪府下のＡ市ではすでに障害の重い子どもたちもたくさん保育所に入所していました。それは、障害児保育に対する期待の大きさを表していたのでしょう。つまり、障害の種類や程度にかかわらず、集団との交流がどの子に対しても非常に良い効果をもたらすといった期待です。障害児保育が開始され、それまでただひたすらに集団との関わりを望み、保育所利用を長い間待っていた子どもたちが一挙に入ってきたので、保育所ではてんやわんやの状態となりました。そして、保育士の未熟さもあいまってさまざまな問題が頻発したのです。

線路沿いにある保育所でのこと、Ａくんは電車が来るたびに窓際のロッカーの上に急いで登り、通り過ぎるまでじっと眺めていました。ある日、保育所を飛び出して近鉄電車の線路上を歩いていたＡくんを運転手が見つけて電車を急停止させ、Ａくんは一命をとりとめました。Ａくんには怪我もなくよかったのですが、保育所では、突然いなくなった本児を職員総出で捜していたのです。保育所に通報が入り、Ａくんが見つかった場所を聞いて、身の凍る思いと同時に無事だったことに一同胸をなで下ろしました。Ａくんはそれまでにもよく保育所から飛び出し、そのたびに保育所の職員が総出で捜し回ることがありました。夕刻になるのになかなか見つからず心配していたところ、押し入れの中から目を覚ましてひょっこりと出てきたこともありました。

５歳の自閉症児が帰宅中外で遊んでいるうちに電車に乗りたくなって、近くの駅から電車に乗ってしまったこともありました。以前経験したコースをたどったのか、新幹線に乗り継ぎ九州まで行ってしまったのです。夜更けに博多駅から「保護しているので迎えにきてほしい」と電話がかかってきたのでした。服の裏に書いていた住所から身元が分かったようです。

しかし、すべての障害児が問題を持つわけではありません。保育所で毎日長時間の生活をともにしていると、数週間、数か月と経過するうちに、担当の保育士に対してわずかな要求や訴え、甘えといった情緒的な表出が見られるようになります。このような関係を基礎として対人交流が活発になり、他児との交互的な関わりや遊びが始まり、そして保育所での生活習慣や対人的マナーなどを取り込んでいき、集団生活での成長が認められるケースも数多くありました。

さまざまな問題を持つ子どもたちに対して、適切な配慮や指導法が分からないまま、手探りの保育をしていた時期がありました。その当時は、担当保育者の心理的緊張感など、その心労は絶えず、中には精神的な不安や自信欠如に陥ってしまう者もいます。子どもへの愛情と保育への情熱を持って、子どもに安定した関わりを持つことが可能となるには、さまざまな環境条件が必要でしょう。不安と緊張の中で疲労困憊してしまった状態では、愛情も情熱も湧いてきません。親御さんへの養育サポートや障害児への発達支援も重要ですが、それと平行して障害児を含む集団がともに育ち合う適正な人数や集団の規模、そして有効な保育支援体制を考えていくことは重要なことです。

本書では、自閉症児がこのような集団の中でさまざまな刺激を受け、大小トラブルや衝突そして多様な情緒的交流を体験しながら対人関係の持ち方や感情の処理の仕方を獲得し健全に育っていく様子について描きたいと思います。巡回保育相談や乳幼児健診あるいは障害児保育と連携したグループセラピーなどで得た臨床体験を保育現場にフィードバックしていった実践などを基に、その経過や場面的なエピソードをできるだけ豊富に盛り込みながら、心理臨床的な視点で記述しました（本書では自閉スペクトラム症（ASD）は「自閉症」を含むものとして記しています。また、「発達障害」はASDとADHD、LDを含む概念とします）。

また本書は、指導法の確立を目指したものではありません。さまざまな子どもたちの非常にたくさんのケースの中から、多様な刺激の中で偶然的に出会った要因がその子のそのときのニーズに合っていたとか、意図的な試みが他の要因と非常に整合的に調整されて子どもの育ちに結実したといった事例を稀な例として取り上げたものばかりで、それぞれのスキルやテクニックが単独で成り立つものではなく、方法論としては一般化できないものばかりです。つまり自閉症児たちのこのような変化や育ちは、さまざまな要因が統合され、偶然に近いチャンスを得てひとつの結果になるように思います。しかし本書は、手放しで偶然に委ねるということではなく、保育者やセラピストが対人関係に必要な情緒的関係を形成しつつ、交互的な交流を随伴的に保ちながら、子ども自身の主体的な行動や反応を引き出すような関わりにより得られた育ちを、保育実践やグループセラピーの録画などを利用し、臨床的に記述したものです。

因みに本書のタイトル『愛着と共感による自閉スペクトラム症（ＡＳＤ）児の発達支援』は、筆者の敬愛する糸賀一雄先生の著書『愛と共感の教育』（１９７２）になぞらえたものです。糸賀先生の言われる障害児に対する深い「愛」がその根底になければ本書で言う「愛着」と絆は生まれてこないでしょう。

第1章　インクルーシブ保育

1　統合と特別なニーズ

だれのための療育か

障害を持つ多くの子どもたちは、適切な支援があれば、集団生活の中で周りの子どもたちとの関わりを通じて、少しずつ生活や遊びの幅を広げていくとともに、さまざまなハンディキャップを乗り越え、より大きな自由を獲得していくことができるでしょう。そのためには、サラマンカ声明（1994）で謳われたように、特別なニーズに対して、適切な訓練や教育を受けることができる条件も整っていなければなりません。そして、この特別な訓練や教育は、障害を持つ子どもたちが主体的に社会参加できるための一手段であり、障害に応じた専門的な訓練や療育が必要に応じてなされる必要があります。

教育の目標は「より大きな自由を獲得するためのさまざまな能力をのばし、豊かな生活を営むことができるような力や心の状態を形成していく」ことでしょう。豊かさとはもちろん経済的なものだけではありません。特に最近人々に求められているものは「心の豊かさ」です。ここで、「心の豊かさ」

とは、どのようにして得られるのでしょうか、その方法は単純なものではないでしょう。訓練や教育の目標を一定の水準や統計的な平均あるいは偏差値に置き換えるような方法からは決して得られないでしょう。

それは、量では測れないものであり、「有り様《よう》」とか「質」の問題です。質を改善していくことは可能です。そして訓練や教育の目標になります。どのようにその時間を過ごすのか、どのように活動を楽しむのかが問題なのです。つまり、いかに心地よいケアを受けることができるかによって、その人の生活の質も大きく変わるでしょう。

一部の幼児教育産業では知能検査や発達検査の指数に基づいた評価により、個人の能力を引き上げることが指導や教育の効果であると称する業者もいます。また、公的な教育現場においても同様なことが見られるところがあるようです。そして、わずかな達成度の変化が教育効果の証であるかのように評価する人がいます。そこには、どれほどの負担が子どもの心にのしかかっているかはほとんど考慮されていません。数字に表された結果が重要な意味を持つことによって、子どもの心の問題は疎かにされがちになります。むしろ失敗や努力によって子どもの心の中で育つものを無視して、指導者の自己満足を満たすような評価が価値を持ってしまっていることを、特に専門家は自覚する必要があるでしょう。

また、潔癖症の母親にとって大事なことは、家の中がいつもきれいに片付けられており、ごみや汚れがないことかもしれません。子どもが少しでも散らかしたり汚したりすると、注意したり後始末を絶えず促したり、口やかましく言いますが、それは子ども自身が自分の周りを整理し清潔に保つことができるよう援助していくというよりも、自分の強迫的な観念によって子どもを追い立てているのです。この母親にとっては清潔を保つことや整理整頓は、子どものしつけというよりも母親自身にとって重大事なのです。それは、子どもにとっては大きな負担と不安を絶えず与え、自由な遊びや対人関係の形成を阻害する大きな要因となるでしょう。

おしっこの失敗が頻繁にあり、畳や床を汚す子どもに対して、重要な事柄としては失敗しないことなのですが、子どもの排泄自立よりも床の清潔の優先順位の方が高くなってしまうことがよくあります。たとえば、排泄機能には障害はないのですが、排尿コントロールが未熟な4歳になっている子どもに対して、床が汚れるのを恐れて一日中紙おむつを着けさせてしまうなどは、その典型でしょう。

毎日子どもたちと接していても、日ごろの業務に追われてつい目先のことばかりに捉われ、基本的なことを忘れがちになってしまうものです。ここで、少し基本に立ち返ってみましょう。本当に重要なことは何なのか。そして、それはだれにとって重要なのか。それらを考慮にいれた配慮になっているでしょうか。

子どもと関わるとき、絶えず自己の関わりを見直しながら、「だれのために」しているのか、子どもへの「指導」が自己自身の感情的な問題を解決するための関わりになっていないか、利便性という名のもとに手抜きをして大切な手間（過程）を省いていないか、このような事柄を自己に問いかけながら保育や養育に携わっていくことが重要でしょう。養育者の内省性が養育の質を高めることはＪ・Ｇ・アレンら（２０１４）がその著書の中でも述べています。

育児や保育をしているときは、細かい事柄を気にし始めるときりがないでしょう。子どもが成長していくときに真に必要な事柄というのは、そんなに多くはないはずです。基本的な関係性を大切にしながら子どもの気持ちに沿った関わりを保っていけば、具体的な場面での妥当な判断は自然と養われてくるでしょう。基本的な安定感を背景とし、ほどよい（good enough）自然な関わりの中にこそ信頼関係が育ってくるのです。過剰な関わりや波長がズレたりすると、対人関係に不安や緊張、希薄さを生むでしょう。

子どもの将来のために本当に必要なこと

一人ひとりの固有の性格や特徴を踏まえたうえで、障害のある子どもにとって、今、何が大切かをしっかりと見据えた保育や教育がなされなければなりません。目先の成績や過大な期待に振り回されることなく、のびのびと生活を楽しむことができ、その中で自己のペースにあった生活や遊びができるような環境こそが、真に役に立つ力を醸成する土壌となるでしょう。たとえば、子どもたちが没頭できるさまざまな遊びの中には、将来役に立つ、あるいは役に立たなくても生活を豊かにするあらゆる要素がいっぱい含まれています。大人になって自分の趣味を持ったり、自分に合った職業選択をしたり、一定の生活様式を保持しているのは、幼児期からの体験がその根底に強く結びついていることを誰もが実感しているはずです。幼児期にどのようにしつけをされたのかが大切なのではなく、どのような心にのこる体験をしたかといったことが重要なのです。訓練や指導に明け暮れる障害児にとって、幼児期における体験の質を決定する要素は、周りの援助者の関わりによる部分が大きいでしょう。

それでは、将来に向けて今やらなければならない最小限の必要不可欠なものとは何でしょうか。そして、それを身につけていくために当面しておかなければならないこととは、どのようなことでしょうか。食事については、介助なしでできることは重要なことでしょう。排泄や着脱も毎日自分でできることは自立生活の基本です。そして、人と情緒的な関わりを持つことができること、集団生活ができることなど、思いつくままに上げていくと、そんなに多くはありません。しかし、それぞれを細かく見ていくと、「スプーンを上手に使える」「手が洗える」「歯をきれいに磨くことができる」「身の回りの整理整頓ができる」「あいさつができる」「靴の左右が分かる」……と枚挙にいとまがありません。このような細かい指導項目の中で、特に、今やらなければならないことと、そうでないものとの区別をつけておかなければならないでしょう。

障害の改善につながる専門的訓練は、その人の生活や自己の可能性を広げていくためにも必須要件です。しかし、過剰に訓練を積むことは特殊な場合を除いて必要でなく、適切な質と量があるはずです。そのため専門領域に関する事柄は専門家の指導のもとに訓練を行っていくことが必要です。しかし、子どもの障害については専門家さえも分からないことが多く、試行錯誤で行っていることも多いようです。さまざまな方法が現れては消えており、素人による「民間療法」さえも横行しています。ある専門家は「指先をしっかりと使えば良くなる」と言います。またある医者は「ハイハイを徹底的にすることによって、脳が活性化され、障害の改善につながる」という説を強調しています。また、ある専門家は「生活リズムを整えるのがいちばん大切だ」と言います。どの専門家の説も一理はありますが、特定の考え方に凝り固まってしまうと、ひとりの子どもを手、足、身体、言葉と細分化し部分的な訓練を強調する余り本質的な事柄が欠落してしまいがちです。障害部分への集中的関わりによって効果的な治療結果が生まれる場合もあるでしょう。一方、慢性的な症状が残る疾患や原因不明の障害の場合、あるいは現状を維持することが最善の症状や障害などは一生その状態と付き合っていかなければなりません。

訓練のみに明け暮れる生活で一生の大半を終わることにならないためにも、訓練を目的とすることなく、あくまでもより豊かな生活のための手段として、訓練のあり方を絶えず認識しておくことが大切ではないかと思います。つまり、治療や訓練を否定するわけではありませんが、追求すべき目標を、生活の質を高めることに置くことが重要なのです。治療・訓練のための生活ではなくて、ありのままの自分の生活を楽しむことは、一瞬一瞬を自己実現に向けた日々を送ることになるでしょう。

日常の生活や遊びの中で成長を促すインクルーシブ保育

●インクルーシブ保育の中で障害を受容していく

障害のある子どもたちが他の人と共有するべきこととは、治療や訓練目標なのでしょうか。経過が順調で達成目標に近づいてくると、患者も治療者もわくわくするような幸せな気持ちを持つでしょう。しかし、病状が長期化し固定化してくるとどうでしょうか。しだいに意気消沈し絶望的な気持ちになったりすることもあるでしょう。ここで、治療や訓練を目標対象から少し脇に外すことにより、達成課題や社会適応の義務や枠から開放され、ありのままの自分を見つけることができるかもしれません。ありのままの自己を受け入れる準備ができるでしょう。

障害のある子どもにとって障害の受容とは、自己に向けられた周りからのまなざしや関わり、そして言葉によって形成される自己イメージについて認識することです。そして、この認識の内容は、集団内での対人関係で、自分自身が受容されているか、自己の存在が認められているかを日常的に感じ取ることができるか否かによって大きく変わるでしょう。それは、他者との相互作用によって形成されるものであって、集団のメンバーそれぞれとの長期にわたる関わりによって徐々に形成されてくるものです。障害児を含む（インクルーシブ）集団の形成は、障害児の生活の質に大きく影響を及ぼし、そこでの対人交流の質的体験は集団と障害児双方の成長にとって非常に重要な自我形成の土壌となります。

●障害児の主体的な生活を実現するために

このように考えていくならば、単に障害児と定型発達児が一緒の場に居ることが「統合」ではないことは明らかです。障害に応じた適切な専門的訓練や配慮をしながら、個々の能力の欠損や低下が集団生活をしていくうえでのハンディキャップとなるような環境や設備条件を、まず根本的に改善しつつ、障害児自らが主体的に生活を営むことができるような具体的な状態を作っていくことが必要でしょう。ここでなされる治療・訓練はあくまでも、個人が主体的に社会参加できる状態を拡大していくための機能改善として行うものであり、周りの子どもたちに追いつくためでもなく、単に適応能力を向上するためのものでもありません。

ＡＳＤに対するＳＳＴ（social skill training）のホームワークや知的障害に対する療育、そして脳性麻痺児の機能訓練も同様ですが、一日の生活のほとんどが、保育課題や訓練課題で埋め尽くされてしまい、治療訓練そのものが目的となってしまっているケースもあります。このような状態に陥らないためにも、訓練の目的、方法、時間等についての評価とその妥当性について絶えずフィードバックを行うことが大切でしょう。

本当に必要な訓練を普通の生活環境の中で最大限に受けることができるならば、地域の子どもたちとの関わりも希薄にならずに済むでしょう。日常的な訓練が生活の一部になっている障害児にとって、健常児との関わりは乏しくなりがちです。だからこそ保育所のような場において、保育と訓練が体系的に与えられ、子ども同士の関わりと障害の改善に必要な専門的訓練を同時に受けられることが望ましいと思います。

●Ａ市での実践

筆者が発達支援に携わっていた近畿地方のＡ市では、以下のような実践が行われています。その具体的な内容について説明をしておきたいと思います。

Ａ市では、市立の療育センターが開設された１９８０年代から、保育所や幼稚園に在籍する障害幼児に対して機能訓練士や臨床心理士が、定期的な巡回指導や相談を実施しています。つまり、必要な身体の機能訓練や心理的専門治療を生活地域から離れたところへ受けにいくのではなく、必要なケアが日常の保育の中で満たされるよう、まさにアウトリーチ型の支援活動を障害児保育の基本に据えられたシステムとして構築されているのです。無駄のない時間で最善の訓練を受けることができれば、それだけ日常の生活や子ども同士が関わる時間が長くなるわけです。専門的訓練については最善の内容を要求すべきです。しかし、何が最善かは訓練を行っているときは分からない場合が多く、特定の訓練のみで改善するのではなく、むしろ日常の生活や遊びの中に訓練的要素が非常に多く含まれており、日常的な生活行動や遊びを通じて無理なく効果的に改善していくことが期待されます。そのためには訓練内容を支えるような日常生活とは、どのようなものかを専門家との連携によって具体的に検討していかなければなりません。きめ細かな指導プログラムを構築するために訓練と保育を統合していくわけです。

脳性麻痺の後遺症による下肢の筋拘縮などがある場合を例にとってみましょう。療育センターなど専門機関での週1回1時間の訓練よりももっと大切なことは、普段の生活や保育の中において身体を意欲的に動かすことが、効果的な機能回復につながります。障害の程度にもよりますが、軽いレベルの機能障害ならこのような配慮は無視できないきわめて重要なことと言えるでしょう。たとえば、「歩くこと」や「手を使うこと」などは本人の意欲や興味がなければ訓練効果は出ませんが、遊びの中で基本的な動作を自然に学ぶことができれば、その効果は期待されます。そこで、歩行に必要な下肢の交互的動作や筋力をつけ、バランス機能の向上をはかるための機能訓練の要素が遊びの中に含まれるよう配慮していきます。そのために、訓練士と連携して保育所の中で実際の遊具などを使いながら、その遊び方などを工夫し、実践プログラムを作っていきます。

どこの保育所にもあるような遊具等は、その使い方を工夫すれば、筋肉強化やバランス機能の向上、そして四肢の変形予防に非常に効果的に利用できます。戸板を使った坂のぼりやハイハイでの遊びなど、他児と同じ環境で同じように参加でき、楽しみながら訓練的な効果が得られる遊びが、日常生活の中に満載されているのが、保育所や幼稚園の環境と言えるのです。

2　障害の重い子どもたちの保育

ここで、Ａ市で実際に保育されてきた重度障害児が保育所の子どもたちとどのように過ごし、その生活体験が障害を持つ子どもと同時に保育所の子どもたちの成長にとっていかに重要なものであったかを見ていきたいと思います。

障害児保育が始まった１９７５年頃、保育所利用のための発達スクリーニングの制度が実施された市町村もありました。しかし、当時Ａ市とその周辺都市では人権意識の高まりと障害者差別解消運動などによって就学前診断や保育所利用選別診断などは廃止され、親御さんの選択が優先されるようになりました。このような社会状況において、保育所を利用する障害児の状態は多種多様化し、さらに重度化の傾向が見られました。その中に、寝たきりの子どもや余命数年と診断された筋ジストロフィーの幼児、重度のてんかん発作、心臓疾患や重度の脳性麻痺児など、障害の重い子どもたちも障害児保育の対象として保育所で受け止めるようになったのです。しかし、Ａ市の現場では、このようなさまざまな障害のある幼児を保育所に受け入れて、果たしてどのような保育をすればよいのか、生命の安全を保障できるのか、集団生活とどのように統合させればよいのか、まったく分からず、まさに暗中模索からの出発でした。

脳性麻痺の4歳児

新設保育所に脳性麻痺の後遺症で歩行困難な4歳の男児、Bくんが入所し、熱心な保育士が担当になりました。移動はハイハイが中心で、寝返りでも移動することができます。いずれにしてもBくんの生活は床から離れることはなく、高い視線から遠くを眺めたり、走り回ったりする体験はまったくありませんでした。

●友達と走り回る疾走感を体験してほしい！

活発な運動感覚や疾走体験は、子どもの情緒を大きく動かし、共感的な体験につながりやすいものです。そこで、担当の保育士は「他の子どもたちと同じ体験をさせてあげたい、子ども同士がかけっこをしているときの、あの疾走感や捕まえられそうになったときのスリルなど、ワクワクする楽しい体験をさせてあげたい」という一心で、Bくんを胸に抱えて保育所の子どもたちが園庭で毎日行っているかけっこやかくれんぼなどの遊びに参加させせました。

Bくんの体重はもう15キログラムを超えていたでしょう。痙性麻痺があるために反張が強く、Bくんが喜ぶと硬直して身体が反り返ってうまく抱けません。保育士の身体に添ってこないBくんをしっかりと抱いて、駆けたり、跳んだりするのです。よほど体力と気力がなければできません。

でも、他児と追いかけたり、追いかけられたりする遊びは、今まで体験したことのないワクワクするものだったのでしょう。Ｂくんは大喜びで、大きい口を開いてよだれを流しながら「あー、あー」と歓声をあげて、手も大きく開いて自分の行きたい方向を指すのです。ほとんどの時間、床を這いずる生活を余儀なくされているＢくんにとって、このような三次元の体験は非常に新鮮であり楽しかったようです。みんなと同じ目の高さで、同じ体験を味わうことができ、心をひとつにして遊ぶことができたことは、その後の他児との関係や生活や遊びへの意欲などにも大きく影響したでしょう。

このような保育は、いつも、そしてだれもができるわけではありません。まず保育士の体力が続かないでしょうし、腰痛になることは目に見えています。ですからこのような保育を勧めているわけではありません。よほどの人員体制と設備的条件と保育者の子どもに対する深い愛情がなければ続かないことでしょう。

●自分でコンビカーに乗れるように

このような体験を通じてＢくんは、自分で、もっと早く、もっと遠くまで動きたいといった欲求が高まったのでしょう。保育所での半年の生活が過ぎた頃、コンビカーに乗せてみたところ、両足を後ろに蹴る下肢機能があることが分かり、自分で何とか蹴って進むことができました。Ｂくんもうれしかったのか、その後、日に日に上半身のバランスを保ちながら、後ろに蹴って前進することが上手になっていきました。一挙にＢくんの行動範囲は広がり、コンビカーにまたがり、左手はハンドルを握り、他方の手を高く挙げ、まるで白馬に乗る騎士のような格好で保育所のテラスを走りまわっている姿が印象的でした。

最初に抱っこをしてもらいながら、味わった疾走感やそこで養われた平衡感覚が後のこのような遊びに大きくつながっていったのです。脳性小児麻痺児の残された機能を使い、機能の向上と筋力の強化を図り、自立的な生活につないでいくのは、専門的な機能訓練のみではなく、日常生活や遊びの中で得た体幹の動きや感覚、そして興味と意欲が非常に重要だと教えてくれたケースです。

脳に重い障害のある3歳児

次に示す事例は、微小な発達の変化が非常に重要な意義を持つことを教えてくれました。Cちゃんは3歳で保育所に入った女の子です。染色体に異常があり、そのために脳萎縮そして脳梁欠損を伴い、発達に重度の遅れがありました。歩行はできず寝返り移動で、言葉は獲得しておらず、排泄や食事も全面的に介助が必要でした。物に対する興味も乏しく、おもちゃに手を延ばしたりすることもありませんでした。しかし、人懐こく、誰にでも目が合うとにっこりと笑い、愛想がよい女の子です。みんなCちゃんのかわいい笑顔に誘われて声をかけたり、抱っこをしたり、保育所でもアイドルでした。身体が小さく、いつも床の上で寝転がって過ごす生活だったので、乳児の部屋で保育することになりました。

●もう歩行訓練は必要ない？

Ｃちゃんはそれまで通っていた通園施設から保育所に入ることになったのです。まだ歩行が確立していないのに、どうして療育施設ではなく保育所に処遇されてくるのか誰もが疑問に思いました。担当の医師からは、「Ｃちゃんの訓練はもう終了したので、今後この子に必要なのは移動意欲の向上と興味の増進です」と、運動機能について訓練の必要性はなく、あとは本人の意欲の問題であるといったコメントでした。整形外科医から見捨てられたのかと思いましたが、気を取り直して〝意欲を育てる〟保育体制作りに取り組むことにしました。

まず、保育所に入るに際してアセスメントと保育課題と保育プログラムの策定を行いました。このとき、Ｃちゃんは3歳で、発達検査の結果は6か月児のレベルでした。

●日々のケアと励ましの成果

Ｃちゃんの担当を買って出たのが、肢体不自由児の専門施設の経験のある保育士でした。この保育士は専門施設での経験から、乳児保育室で乳児と関わりながらＣちゃんにベビーマッサージや基本的な動作法、リラクゼーションそしてハイハイの促進動作などを取り入れた保育を、午前中の保育時間に毎日欠かさずフルコースで続けました。そして、何か新しいことができるたびに、周りで保育士たちが歓声を上げ、また励ましや賞賛の言葉をかけ続けました。

言葉そのものは理解できなくても声の高さや調子などが、自分の行動へのフィードバックとなったのでしょう。Ｃちゃんは励ましや歓声に反応するようになり、物に手をのばしたり意欲的な行動が見られるようになりました。やがて、3歳児の終わり頃には、自分で見つけたおもちゃに向かって、腹ばいで一生懸命に近づいて行こうとする姿が見られるようになってきました。手指操作も向上し、触るだけではなく、引っ張ったり、ねじ込んだり、何度も物を穴の中に落としたりして、反復・循環的な遊びに耽る場面も、見られるようになりました。

ハイハイの姿勢からつかまり立ちをしたとき、みんなが拍手して喜ぶと、Cちゃんは得意そうな表情で振り返りました。そのときの表情は、嬉しさと自信に満ちたものでした。

4歳の終わり頃には伝い歩きで廊下を行き来するようになり、手を添えると5~6歩は歩けるようになりました。つかまり立ちの生活も多くなったので、4歳児のクラスで子どもたちとの接触を促すようにしました。クラスの子どもたちは、毎日の生活の中で担当の保育士がCちゃんに関わっている様子を見ながら、その関わり方やCちゃんの性格や特徴を理解していきます。最初はこわごわ関わっていた子どもたちが、徐々に積極的に適切な介助をする場面も多く見られるようになっていきます。中には、まるで赤ちゃんを世話するときのように関わる子どももいます。

5歳児になってクラス集団で過ごす時間が徐々に長くなった頃、Cちゃんはとうとう、手を添えることなく2~3歩、歩いたのです。そのときは、周りの子どもたちや保育士たちも「わ！　ひとりで歩けた」と一斉におどろき、そして大喜びをしました。

●保育所での人との関わりで心も成長

入所以来、みんなに可愛がられて育ってきたCちゃんは、心の面においても成長が見られました。

それまでは誰にでも微笑を送り、愛嬌を振りまいていましたが、２年目になると一転して、他者の接近に対して急に笑顔が消え、緊張した面持ちを表すようになりました。人見知りが始まったのです。

その後しばらくの間は、初めての人に会うと少し難しい表情をしたり、抱っこしようとすると、明らかに拒否の態度をとるようになりました。この頃から担当の保育士への愛着は一層強くなっていきました。その後はゆっくりではありますが、気に入らない扱いに対して拒否をしたり、愚図ったりするなど、自己主張も見られ始めました。３年目には、はっきりと人を選択する態度が見られ、また見知らぬ人への警戒心や緊張も示すようになりました。

やがて、人見知りは次第に消え、顔見知りの人には満面の笑顔で迎えてくれるようになりました。表情が豊かになり、色んな場面でさまざまな表情で応えてくれるようになりました。母親と別れるときのちょっと寂しそうな表情や、怖いとき、不安なとき、うれしいときの表情が周りの人にもはっきりと分かるようになり、情緒的なやり取りも活発に見られるようになりました。やがては特定の保育士に甘えたり、後追いをしたり、微笑む、抱っこを求める、背中にもたれてくるといったさまざまな愛着行動を示すようになりました。

●おしゃべりまでできるように！

その後、卒園までの間に、歩行距離は日に日に延びていきました。そしてさらに、信じられないことでしたが、「Cちゃんが言葉をしゃべった」のです。ある保育者からその報告を受けた所長は、「何かの間違いじゃない」と、最初は信じませんでした。そのうちに、もう１人のクラス担任の保育士も

「確かに、そう聞こえた」といった報告をしました。

そして、数か月後、Cちゃんは単語を発するようになったのです。「Cちゃんの声初めて聞いた、こんなに可愛い声をしていたんだね！」と、保育士は改めてCちゃんの声を認識したのです。

やがて、はっきりと「ちょうだい」「ありがとう」「センセー」といった言葉を、たまにではあるけれどもしゃべるようになり、担当の保育士たちは、3年間の保育を通じてやっとCちゃんが言葉で意思伝達ができるようになった喜びをかみしめていました。

障害児の発達の段階を丁寧にたどる大切さと発達の過程を共有することの意義

このような発達を遂げた子どもの姿を見るのは、子どもに関わってきたスタッフや親御さんにとっては非常な喜びでしょう。その喜びとは、単に手がかからなくなったことではありません。子どもが自分の力で、自己の意思や気持ちを向けてくれるようになり、これから一個の人として生きていく力を表現できるようになってきた姿をほほえましく、また安堵感を持って見ることができるからでしょう。

そして、Cちゃんの成長を、保育士とクラスの子どもたちはともに喜び合いましたが、この喜びはそこに至るまで日々の生活の中でともに歩んできた長い道程があったからこそ、非常に大きいものであったのでしょう。量的なものの価値や速さや競争、そして見栄えといった外見上の事柄による子どもの評価からは、このようなクラスの仲間との共感は決して生まれてこなかったでしょう。

運動発達の順序性を例にとってみると、〝寝返り〟ができるようになれば、〝ハイハイ〟ができ、〝おすわり〟から〝つかまり立ち〟〝伝い歩き〟〝よちよち歩き〟そして〝独歩〟へと、その過程はだいたい決まっています。また、手指の動作についても同様に、手根骨や神経組織の発達に伴って、手のひら全体で握る状態から、熊手のような手の使い方、そして、徐々に尺そく側に移行していき、拇指対抗状の摘みができるようになります。このように、大まかには発達に伴う行動や運動機能の変容は一定の法則に則って、段階的に変化していきます。障害児も同じです。障害児に特有な発達過程があるわけではありません。発達の速度や順序が異なるだけです。

ここで大切なことは、「早くできるようになる」といった、発達の速度が問題なのではなく、一つひとつの発達の過程をどのようにたどっていくのかが重要なのです。前述しましたように、ゆっくり、じっくりと一過程を歩むからこそ、そこに生じるさまざまな出来事が、人と人との絆を強めたり、密度の高い情緒的な関わりを豊富に生まれたりするのです。さらにそのことによって、より豊かな人格形成がお互いの中に育っていくのではないでしょうか。保育者は日常の生活場面で、次々と生じる問題に対して一つひとつ丁寧に応えていく姿勢が大切でしょう。

第2章　集団と子どもの育ち

1　子どもは集団の中で育つということの意味

障害児とともに育ちあう子どもたち

冒頭で述べたとおり、障害児保育が公の事業として開始されてから、もう40数年になります。その間「自閉症」の診断基準の変更や病因についてもさまざまな情報が出され、数多くのアプローチが実施されてきました。しかし、障害児保育の内容や方法については、いまだに試行錯誤的な段階を脱していないのが現状でしょう。保育所や幼稚園に入園してくる障害幼児は、その障害の種類や程度はさまざまです。一人ひとりの障害の特徴や発達段階に応じた支援内容や配慮が必要であり、十把一絡げにひとつの方法を適応できるものではありません。注意や行動に障害のある特にＡＤＨＤ（注意欠如・多動症）や、対人関係に質的障害のある自閉症などの保育は非常に難しく、それまでの技術や知識のみでは、その症状を改善するための手立てにつながりませんでした。ただ、保育方法や形態がいかなるものであっても、障害児が地域の保育所や幼稚園の集団に入り、日常的に子どもたちと交流の場を持つことを通して「地域の子どもたちが障害児を理解し、地域社会において、ともに力を合わせ暮らしていく仲間としての意識が育つ」という、障害児保育のめざしてきた成果はある程度認められるでしょう。保育所生活を通じて、子どもたちは大人が考える以上に柔軟に、そして純粋に障害児を受け止め、その発達の状態に応じた関わり方を会得していくことは、驚異に値することです。そして、保育者が保育の中でこのような子ども同士の関わりを一層深め、さらに友達との関係を広げていく援助ができれば、本書で述べるようなさまざまな子どもの変化が見られるでしょう。

幼児期から保育所などで障害を持つ子どもたちとともに生活し、相手の障害に気がつく頃（3歳前後）には、さまざまな関わりを通じて相手のことを知り、クラスの仲間としての意識が芽生え、自我の形成や対人関係の発達とともに、相手の障害に合わせた関わり方が自然に身についていくのです。保育所での毎日8時間余りという、このたっぷりある時間を最大限に利用して、生活習慣や集団生活のルール獲得、他児との交わりや保育者との関わりなどさまざまな体験ができるわけです。

障害児と地域の子どもたちが集団の中で「ともに育つ」とよく言われますが、仲のよいもの同士は集団を作り、活発な対人交流を展開するでしょう。しかし、子ども集団の中にはさまざまなダイナミクス（力動）が働き、弱いものがいじめの対象となったり、集団から離れていつもひとりで遊ぶ子どももいます。発達障害のある子どもが、その発達的な弱さや特徴のゆえにいじめの対象になるといったことはよくあることです。多田らが幼児から中学生までの高機能広汎性発達障害児を対象に行った調査（多田他、１９９８）では、実にその8割近くがいじめの体験を持っていると報告しています。それは適切な配慮がなされていない環境における数字であり、その後の調査では減少が認められていますが、このような問題に対しては決して目をつむってはいけないでしょう。早期からその芽を摘んでいく姿勢が重要であると思います。筆者が２０１６年に行った調査においては、幼少期から障害児との接触の多かった青年に偏見や差別観念が低いといった結果も得られています。

保育所での子ども同士の交わりは、障害のある子どもが隣に居ることを理解する絶好のチャンスの場です。実際に関わることによって、相手の特徴や個性そして行動様式、どのように考えているのかなどが分かり、相互交流が深まっていくのです。障害児とともに生活することによってお互いに理解するようになり、障害児のハンディキャップや援助の仕方についても知るようになるでしょう。障害のあるクラスの仲間が、日常生活に必要な行動ができないとか、遊びに参加したくてもうまく入れないような場面を見て、一人ひとりの子どもが、いかなる援助や関わりを必要としているのかを判断していく必要があります。子ども自身が自分で判断できることもありますが、まだ相手の立場に立ってものごとを考える能力が育っていない幼児もいるでしょう。このような子どもたちには、保育者は日常生活のあらゆる場面において、お手本（modeling）を示していかなければなりません。

障害児との関わりとは、一緒に遊んだり、お遊戯をしたり、といった関わりもありますが、集団から飛び出していくのを連れ戻したり、手を引いてあげたり、摂食や服を着るのを手伝ってあげる、といった生活の場での援助的な関わりもあります。子ども同士の間でどのような関係が出来上がっていくのかは非常に重要な点です。

つまり、一人ひとりの人間を技能や学習能力、あるいは運動能力といった限られた側面のみで評価するのではなく、さまざまな価値観や視点によってまったく違った評価ができることを体験的に知ることで、人格評価や能力評価の多面性を知り、そして子ども同士豊かな心で接することができるような力を養うような保育ができるならば、障害児保育はすべての子どもにとって非常に有意義なものとなるでしょう。

子ども同士が関わり合う場としての保育所

障害児保育を語るとき、「障害児をとりまく集団」「障害児を支える集団」「障害児を支援する集団」などの表現は、集団と障害児を切り離した両者を分離する視点です。そこで筆者は「障害児を含む集団」といった表現を用いることにしました。この場合、障害児とは「配慮が必要な子ども」という意味で使いたいと思います。

十数名の新入所児とともに1人の障害児が3歳から保育所に入所してきた場合を考えてみましょう。

個別指導になったDくん

仮にその子をDくんとします。クラスのほとんどの子どもたちは、0歳あるいは1歳児から保育所で2年以上ともに暮らしてきた集団です。Dくんは言葉を数個しか話しません。他の新入所児は、数日でクラスの友達に混じって一緒に遊び、仲良しもでき始めましたが、Dくんは多動で、一緒に遊ぶどころか、保育中突然大きな声を出して、みんなをびっくりさせたりするのです。保育士が注意をしても聞かないばかりでなく、パニックになって自分の要求を通そうとします。そのため、保育士が付きっ切りで指導を始めました。仲間から外れ、Dくん自身もどのように受け止めてよいのか戸惑ってしまいました。自由遊びの場面でも自分から関わっていこうとしません。でも、その保育士は、一所懸命Dくんの相手をしたり、幼い子がするような、抱っこやおんぶの要求を受け止めたりしました。

個別指導へのクラスの子どもたちの反応

周りの子どもたちは、自分がDくんと同じ行動をとれば、ただちに注意され引き戻されたり叱られたりするのに、どうしてDくんはやさしく受け止められるのか理解できないでしょう。「自分（自力）でできない方が、よりたくさんかまってもらえるのだ」と思い、赤ちゃん返りを起こす子どももいます。

このように特別な扱いを受けている子どもに関心を向け、徐々に担当の保育士と障害児との間に割り込んで、保育士の注意をひこうとする子どもも出てきます。子どもの中には、保育士が関わる様子をじっと観察して、まるでその保育士になりきって、そのもののように振る舞い、うまく障害児との関係を築いてゆく子どももいます。食事の場面で障害児が箸を落としたとき、さっと素早く拾って保育士に渡す子に、「○○ちゃん、拾ってくれてありがとう」と言うと、得意そうな顔をします。玄関で靴を履かせているのを、しばらくそばでじっと見ていて、タイミングよくさっと手を延ばしてもう片方の靴を取ってくれる子どももいます。

ここで注意しなければならないのは、クラスの子どもが、障害児が自分でしなければならない行動まで代行してしまうことです。手を出さずに時間をかけて見守っていれば障害児が自力でできる身の回りの処理も、手を貸したり肩代りをしたりしてしまうのです。やがて、障害児にとっては便利な手足のような存在となり、障害児の自立心を大きく損なってしまう場合もあります。逆に、保育士への甘えをストレートに表し、障害児を押しのけ保育士の膝を横取りしてしまう子どももいます。この子たちは障害児のいる集団の中では、自分自身の満たされない愛着欲求のさまざまな処理の仕方を表し、自分なりに葛藤を処理する方法を模索しているようでもあります。

◉クラスの子どもたちとの関係形成

周りの子どもたちは、１年目は観察期間で、さまざまな葛藤や混乱を起こしながら、２年目頃からは徐々に関わりが活発になり、いたずらをしたり、からかったりする者もいますが、適切な関係を持つことができる者も数名、見られるようになります。保育士に負けないくらい上手に関わることができる子もいます。このように障害児とうまく関わりを持つことができる子どもへは、保育士に対するものとは質的に異なりますが、障害児の方から甘えたり、関わりを求めたり、要求実現手段としてのさまざまな行動が見られるようになるのです。

保育士に求めるものとは違った形の愛着行動です。そこには利害関係（下心）はなく、関わりそのものを求める行動でしょう。そして、彼らは先生よりも障害児にもっと近い位置におり、同じ立場でさまざまな体験をしているわけです。障害児からすると対象が保育者とは異なり、子どもであるがゆえに全面依存はできない分、自分でやらなければならないところが生じます。支援のいき届かない部分に対して、自己の力や自己判断力をより強く発揮しなければうまくいかない場面に遭遇する中で、自己の力で何とか処理しようとする力が育つでしょう。

2　障害児を含む子どもたちの育ち

子どもたちが障害児を受け入れていく過程

●「見ている」時期

保育所での子どもたち同士の最初の出会いは、それぞれにさまざまな受け止め方があり、双方に大きな緊張状態や戸惑いが生じるでしょう。保育士が障害のある子どもの介助や保育場面で援助をしている様子を、機会ある毎に、できるだけクラスの子どもたちの目に触れさせることが重要です。クラスの子どもたちに、障害のある子どもとの関わり方や配慮するべき点を改めて教える必要はありません。意図的に指導しなくても、子どもたちは必ず、さまざまな機会に子どもの目線で、それらを見ているのです。つまり、最初の段階は「見ている」時期です。

この時期、中には、保育士のそばでうらやましそうにじっと見ていて離れようとしない子どもがいます。自分も同じように扱ってほしいからでしょう。そのうちに、隙を見てさっと膝の上に乗ってきたり、背中にもたれてきたりします。そのような子どももいったんは受け止めながら、さりげなく障害のある子どもの方へ気持ちを向ける配慮をしていくのです。「お手伝いをして」と言って、障害児の介助の一端を担う役割を持たせると、立派にその役割を果たしてくれます。後で感謝と誉め言葉を保育士からもらうと、満足げな表情で離れていきます。子どもは少し退行して幼児的な甘えを求めてきますが、保育士は一旦はそのまま受け止めます。子どもは与えられた社会的な役割を果たすことによって幼児的な甘えが満たされると、「誉められる」などのような社会的評価により自己の認知が変化し、より高次の欲求が満たされることによって、行動の変容が起こるのです。

保育士の評価を求めて過剰に世話をしようとする子どももいます。しかし、それを受け入れてしまうと、障害のある子どもの意思を無視した形で過剰な援助をしてしまう場合もあります。集団内の障害児が依存的傾向を強めると言われるのは、このような過剰介護集団に順応してしまって、そこから抜けきれない状態の中で悪循環に陥ってしまったケースと言えるでしょう。

●「関わり」の時期

第二段階の「関わり」の時期では、クラスの子どもたちが手の出し過ぎによって生じる障害児の問題を保育士とともに考え、どのような「配慮」をすることが真に相手（障害児）を援助することにつながるのかを学んでいきます。つまり、困っている障害児を手助けすることで「自分の行為が評価されることに価値を置く集団」から、「手を出さずに温かい眼差しで見守り、相手が自力でできたときの達成感や満足感を共有し、そして共感することができるクラス集団」を形成していくために、どのような方略を採るのかが重要な課題となります。それは、保育士自身が、障害児にどのような関わりを行っていくのか、保育士の子どもへの態度そのものに大きく依拠するところでしょう。

クラスの他の子どもたちが、障害児への援助の手を出さなくなると、今まで得られていた援助がなくなったことで障害児自身が表す葛藤や抗議さえも受け止めていかなければならないかもしれません。しかし、そのような事態を背後から守るのも保育士の役割なのです。今まで助けてあげて感謝されていた子どもたちは、冷たく手を出さずに見ているだけのいわば意地悪な傍観者になるのです。このときに生起する葛藤は、本当に相手の成長を願っている者にしか抱えることができないものなのです。子どもたちのこの状態を保育士が受け止める（contain）ことによって、子ども自身もこの葛藤を保持することができるようになるでしょう。そして、相手（障害児）が主体的に活動を始めたときに「手を出さずに見守る」意味が理解できるでしょう。

すべてのバリアやトラブルを除くのが「支援」ではなく、子ども自身の力で乗り越えていくことが可能なものは見守るといった配慮が大切です。さまざまなバリアやトラブルによって生起するストレスをどのように自分の力で保持や処理をするのか、その仕方が自我を成熟させていくでしょう。くじけて放棄するか、見ぬふりをして回避するか、しっかりと取り組むか、いかなる態度をとるかはその個人の心の姿勢にかかっています。そして、周りの子どもの自己コントロールにより、障害児自身の抗議も含めて相手の意志と秘められた能力を知り（信じ）、それに協調することこそが「支援」と言えるでしょう。

●保育士から子どもへ伝わる気配り

しかし、実際にはなかなかうまくいかないことが多く、子どもたちは自分なりにさまざまな試みを行い、その末に離れていく者もいますが、たまに非常に上手な関わりをする子どもが現れ、びっくりすることがあります。

箸配りのお当番で、障害児がテーブルの位置を指差して一膳ずつ置いていくのを手伝っている女の子がいました。何度も間違って1本や3本置くと彼女は指で2本と教え、席のないところに置いたりすると、その都度修正をしていましたが、援助の手を徐々に少なくしていくときの手の引き加減が非常にうまく、そのうちにその障害児は、間違わずにひとりで全部の席に一膳ずつ置くことができるようになりました。

この女の子はきっと保育士からこのような関わりを学んだのでしょう。保育士が毎日関わっている様子をつぶさに観察し、その方法を見習って、自分も保育士になったような気持ちで関わっていたのかもしれません。つまり、保育士のさまざまな場面での関わり方に興味を持ち、非常に微妙な仕草やきめ細やかな配慮なども習得していったのでしょう。そして、自らも試行錯誤をしながら、フィットするものを探り続け、有効な関わり方を身につけていったのだと思われます。

相手を思いやる心の芽生え

このような変容は、取りも直さず障害児との関わりを通じて、子どもたち自身の心の中で育ってきたものを表しており、相手の都合や状態に合わせることができるようになった自己の状態を示しています。自分の都合だけで行動したり、支配的に指示したりするのではなく、相手の状態に合わせて自己をコントロールすることにより、相手とうまくやっていく方法を学んでいくのです。自己中心的あるいは競争原理に基づいた行動ではなく、人間関係の基本となる相手の感情や特徴を知り、それに合わせようとする心の芽生えです。幼児期におけるこのような心の芽生えは非常に貴重なものでしょう。

保育所の子どもたちは、保育歴3年目ともなると、非常に上手な援助をするようになっています。クラスの子どもたちは、障害児に対しては障害の様態に合った援助を行っている様子も見られ、障害児の自我が集団の中で育つ必要条件としての支持的関係が出来上がっている実践例もたくさん見ることができました。

このように、不必要な援助の手を出さず見守り、かつ本当に必要な相互援助が適切になされている集団で過ごした子どもたちは、援助の在り方について体験的に身につけていきます。そして、将来ノーマライゼーションの重要な担い手となることが期待されるでしょう。

3　障害児を含む集団の形成

障害への違和感と不協和

●幼児の障害への認知

障害のある子どもが保育や生活集団に加わることによって、さまざまな人間関係の変化が集団内に生じます。それは、子どもの集団内に生じると同様に保育者とクラス集団との間や保育者集団内にも生じます。今まで年齢別の保育を受けてきた子どもたちは、日々ともに生活する中でクラスの友達に同レベルの発育イメージを持っており、その年齢にふさわしい行動をすることを期待します。３・４歳児になると、クラスの他児への働きかけに対して、相手からどのような反応が返ってくるかについて、ある程度の行動を予測しているか、大まかな社会的行動についての規範を共有しています。保育所のような子ども同士の集団においては、お互いに相手に期待する社会的行動規範と異なる反応や態度をある子どもが表したとき、一種の違和感あるいは不協和を引き起こすことが予測されます。

たとえば、「今は座って先生の話を聞く時間なのに、立ち歩いている。しかも先生は叱らない、どうしてかな?」、何度も注意を受けているのを見ながら「また叱られている」といった認知から「よく叱られたり、注意を受けたりする良くない子」としての集団的評価ができていきます。そして、この違和感や否定的な認知こそが偏見や差別といった感覚につながっていくのです。さらに、このような感覚は相手を理解することの大きな妨げや排除の対象としての認知につながる場合も多分にあるでしょう。そこで、これらの違和感や不協和感をどのように和らげ、解消していくのかが幼児教育の重要な課題となるのです。

違和感や不協和を生まないために

このような対人的な違和感や認知的不協和を引き起こす要因について考えていきたいと思います。まず、集団規範や画一的発達観といったものがあります。集団の規範やルールから、わずかでもはみ出すことに対して、厳重な注意や罰をあたえるといった指導のもとでは、はみ出す者に対する排除や異質な見方を形成してしまうのです。多様な個性や能力を認めることができず、一定の基準や枠にはめて見るといった環境の中では、障害児の入る余地は狭められていくでしょう。たとえば、年齢に対応した平均的な発達段階に少しでもそぐわない場合、即発達の遅れや問題を心配し焦ったり、不安になり子どもを急かしたりするといった態度です。

また、現実の社会の中にはさまざまな〝基準枠〟があります。それにあてはまらないものに対しては不協和を感じてしまうものです。枠や規範のまったくない社会はありえません。障害児に関わる人たちが抱く不協和の原因がどこからきているのか、なぜ障害のある子どもたちに対して違和感を持つのかを知るべきであり、そこを踏まえて障害児保育や教育に取り組んでいくことを自己の中心に据えておく必要があるでしょう。

そして、それを理解することは障害児に対する自身の偏見などの認知構造を知ることであり、その歪みを正していくことは同時に自己の人格を高めていくことにもつながるでしょう。一人ひとりの性格や能力を多面的に評価でき、さまざまな個性や発達の幅を見ることができます。そして、心のゆとりがあれば、〝問題行動〟や〝障害〟の捉え方は大きく変わるでしょう。

●本当のノーマライゼーションを目指して

障害児や障害者が分け隔てなく完全に参加できる社会は、はたして実現可能なのでしょうか。経済効果と競争原理に基づき奔走している現代社会において、その原理や原則に適応しなければ生きていくことができないわけですから、否が応でも社会的な価値観で物事を考え、また子育てにおいてもこのような影響のもとで子どもに関わらざるを得ないでしょう。このような競争原理と経済効果から見ると、マイナス要因を含むと評価されるハンディキャップを持つ人々を自然に受け止めることができるようになるには、まず、現在の経済社会にある競争原理や合理主義に基づいた価値観とは違った価値観が必要です。

成績や速さ、業績によらない人間的な存在そのものを認め合う価値観を持たずして、特別支援教育やノーマライゼーションをいくら唱えても、かえって負担を与え、善意の押し付けに終わることになるでしょう。このような意味においても、障害のある仲間を自然に受け止めることができる社会が来るには、まだまだ時間がかかりそうです。現実には特別支援教育を推進している学校で障害児のいじめ事件が起きたり、発達指数の変化に一喜一憂したりするといった場面もよく目にします。また、障害児を持つ親御さんが子育てに疲れ、周りからの支援が得られないまま親子心中を図るといった事件が、この10年間でわずかな減少傾向はあるものの、いまだに毎年30～40件も報告されています（川﨑、２０１３）。

障害児を含む集団におけるダイナミクス（力動関係）

障害児保育の対象児は、年齢相応の集団行動や自立行動ができないために、集団の中ではついて行けないことが多く、そのために集団内でさまざまなトラブルやぶつかりが生じます。そこで生じるダイナミクスで集団の関係性の変化が生じ、そのための配慮が必要になってきます。つまり、集団の凝集性が弱くなったり、テンポが変わったり中断することもあります。保育者はこのような集団の状態に合わせた保育内容の変更を、適宜行わなければならないでしょう。集団内の統制や保育活動そのものに合わせた柔軟な対応が必要なのです。つまり、集団全体のまとまりを考慮に入れながら、個々の特徴や能力に応じた関わりや指導を行っていくのです。言い換えると、個々の能力や特徴に応じた集団のあり方を絶えず模索しながら、集団作りを考えていかなければなりません。

●保育者を真似た関わり

すでに述べたとおり、周りの子どもたちは、保育者が障害児にどのように関わっているか、いつも見ており、保育者と同様な態度や関わりをします。子どもたちの中には自分自身が保育者や母親になりきって、他児を世話する者もいます。そして、保育所においても家庭での兄弟のような関係を保つ場合もあります。世話を受ける方もいつも上手に世話をしてもらうと、その相手には愛着や安心感を抱くようになります。また、いつもそばにくっついていったり、横に席を取ったり、お昼寝は必ず横で寝るといった特定の子どもに対する密着した関係が相手への愛着を生むことがあります。このような関係は特定の子どもだけではなく、他の子どもたちにも徐々に広がっていき、クラス全体が障害児に対して親和的な関わりを持つようになっていきます。大人との縦の関わりとは違った子ども同士の横の関係は、長い保育所生活を通じて徐々に形成されていきます。毎日の生活をともにし、自然な関わりを通じて、周りの子どもにとっても抵抗感がなくなっていき、また、障害児にとっても心的な負担が少ない形で他児の関わりを受け入れることができるようになっていくようです。

このような障害児を含むクラス集団における対人関係の形成過程は、まず保育者が障害児に関わっている様子に興味を持つ特定の子どもが現れ、保育者と障害児の双方に接近し、保育者には注意引き行動を示し、障害児に対しては保育者と同じ態度で関わろうとする場面が見られることがあります。その初期においてはいわゆる「お世話」や「おせっかい」のようなものや、保育者の養育行動の再現が多く、このような関わりの根底には、直接保育者にかまってほしいが、集団の中で自分だけが独占できない状況で湧き起こってくるストレスをうまく処理する方法として、障害児の世話や先生のお手伝いによって受け止めてもらうことで、愛着欲求を満たしていこうとする気持ちがあるものと考えられます。

●クラスの子どもの関わりの多様な背景

保育者、障害児、クラスの子どもといった三者関係で生じるダイナミクスにおいては、甘えをストレートに出す後ろめたさや「退行」を示す恥ずかしさなどさまざまな感情から、絶妙な対人的関係が生まれます。また、「先生のように振る舞いたい」といった理想モデルに対する同一化が子どもの側に働く場合もあるでしょう。日ごろクラスの中で十分に受け止めてもらっていないといった欲求不満がその「お世話」の基本的動機になっている場合もあります。同様な満たされない関わり要求の原因が、家庭での家族との関係において生じている場合もあるでしょう。家庭での「お姉さん的関わり」をそのまま、保育所における障害児との関係に持ち込んでいるかもしれません。

このように、その動機は子どもによってさまざまであり、関わりの質も個々さまざまです。非常に適切な関わりをする子もいれば、自己の欲求不満解消のための手段としか考えていないような関わりもあります。このような保育者の特定の子どもとの関わりを、周りの子どもたちは絶えず見ているのです。中には、手を出したいが、どのように関わればよいのかが分からず、遠くから見ている子どももいます。

集団内での愛着形成

日々の保育所の生活や遊びの中では、障害を持つ子を含む集団が互いに自然な形態で関わっている場面がたくさんあります。当然、クラス内の仲のいい子どもとの関わりだけに終わらず、横の対人関係もさまざまなきっかけでどんどん広がっていきます。そして、長い月日をかけてクラス全体の子どもたちが障害を持つ子どもの特徴や性格を知り、何らかの関係を形成していくでしょう。

●保育者との同一化による支援的関わり

このような対人関係が広がっていくときに、最初に重要な役割を果たすのが保育士です。その最初の役割とは、障害を持つ子どもへの関わり方のモデルあるいは同一化の対象となることです。非常に大切なことですが、保育士が子どもと関わっているときに、具体的な関わりのノウハウとともに、保育者と障害児の両者の間に交わされる本質的な感情や情緒を子どもたちは見ています。つまり子どもと接しているときの表情や声の調子、そして仕草などから醸し出す相手に向ける愛情や不安、期待など情緒的な内容を感じ取っているのです。また、その保育士が相手の要求を的確に把握し、それに対してどのように応えているのかをつぶさに見ているのです。このような子どもの鋭い観察力は、やがて憧れの保育士に同一化し、見事なパフォーマンスを演じてくれます。障害児に対して、まるで、母親や保育者のように振る舞い、関わってみせるのです。

ここで、子どもたちが障害児に対して示す支援的関わりが、態度レベルだけのパフォーマンスとしてではなく、真に情緒的な交流ができるようになるにはどのような指導が必要なのでしょうか。

同一化の対象としての保育士からの、俗に言うオーラ（aura）とも感じられるような体験を通して、子どもたちは保育士の微妙な表情や感情の表出を取り入れていきます。具体的には、「保育士がいつも見せているような表情や言葉かけやふるまいで関わっていく」ことが特別な意味を持つようになり、そして同一化が起こるのです。

特別な存在との出会い

そして、第二段階は、仲の良い親密な関係を保つことができる特定の子との「出会い」です。他児からの好意的な関わりに出会うことは、障害児が良い対人関係を形成し、情緒的関わりや社会的スキルを獲得し、対人関係を深めていく重要な機会となります。まず保育士との二者関係が形成されると、その次に集団との関係が広がっていきますが、その際に周りの友達からの支持的で好意的な関わりは、障害児にとって対人関係形成の重要な体験となるでしょう。

つまり、それまでは心の支えになっていた保育士との関係から離れ、自ら集団への関わりを求め、参加していく準備あるいは練習をするのです。ひとりでは入っていけないようなときに、参加の橋渡しをしてくれる世話好きな子が集団の中には1人や2人はいるものです。不安げに戸惑っているときに手を差し伸べて遊びや集団の方向に誘ってくれる子どもの存在は、まさに「移行対象」とも言える存在として、その機能を果たしてくれるでしょう。いわゆる母性的対象からの分離期において、分離の不安や恐怖をうまく乗り越える援助者と同様の役割です。

●愛着を深める保育士の関わり

このように、障害児が独り立ちしていく過程、つまり一個体（子ども）がその母性的対象から、心理的な依存状態から分離し独立していく過程は一直線ではなく、幾度かの依存状態に戻りながら徐々に分離していくわけです。いわゆるこの独立への移行期を障害児と彼を取り巻く子どもたちとともに歩むことは、子どもや保育者自身にとって非常に重要な体験となるでしょう。また、子ども同士や保育士との関わりが、彼らの人格形成や成長・発達につながるようにしていくためにも保育士の役割は非常に重要だと言えます。

障害児自身は、いつも心地よく世話をしてくれる保育士への協力的行動や協調的動作を身につけていきます。そして、このような良い関係は活発な情緒的関係を醸し出し、さらに深い交流へと発展していきます。このような関係を基本としながら保育集団における日々の関わりを積み重ねていくことが、やがて縦横の対人関係に体系化されていくための基礎となるでしょう。

いわゆる心地よい関わりと子どもに感じさせるのは、①愛着関係の安定性、②随伴的なミラーリング、③有標的な関わり、④双方向的なコミュニケーション、⑤適切なタイミングでの関わり、⑥波長の合った調和的な関係性、⑦適切な介入を適度に行うこと、などです。個々の子どもの状態や養育者の性格は違っていても、基本的に共通している原則的なものとして挙げておきます。

そして、これまでに述べてきたような保育集団におけるインクルーシブな関係は「子ども同士が、毎日、長時間生活をともにする」ことによって形成されるでしょう。また、さまざまな個性を認め合いながら、お互いがうまくつき合い、良い関係を結んでいくことは、保育者の役割がなければ達成できないでしょう。右記の７原則は障害児のみならず、すべての子どもを対象とする原則でもあります。子ども集団の中には、不安定な愛着関係にある子どももたくさんいます。クラスすべての子どもに理想的な関わりが必要なわけではありませんが、個々の子どもの状態によって随伴的なミラーリングや波長を合わせたり、タイミングをはかったりしなければなりません。

ある年少児クラスの子どもは、保育士が障害児を膝に座らせて本を読んでいると、楽しそうなやり取りと幸せそうな障害児の表情に心地よさそうな空間と映ったのでしょうか、障害児のすぐそばに突っ立って、じっと長い時間見つめて急に去って行きました。このような行動が何度か見られた後に、保育士が障害児と関わっているところに、いつも読んでいる絵本を持ってきて差し出したのです。どうしたのかと尋ねると、障害児に読んであげるために持ってきたそうです。一緒に読んであげるからそばに来るよう促すと、保育士のそばにぴったりくっついて読み聞かせてもらいました。その後、何度かこのようなことがあり、障害児の世話を保育士と一緒にする行動に変わっていきました。最初は自分も関わってほしい気持ちを抑えながら、愛着対象を得る手段が見つからず、ただじっと見つめるしかできなかった子どもが、保育士の行動や情緒的関係性を取り入れ、間接的に社会化された行動によって愛着欲求を満たす方法を選んだのです。

口では説明できない心性や態度を子どもは見て、取り入れていくのです。このような子どもが集団内で増えていくことによって、クラス全体の雰囲気がずいぶん変わってくるでしょう。

クラスの子どもたちと障害児との関係がこうした中で生まれてくるならば、障害児保育を体験したクラスの子どもたちはきっと「真にノーマライズされた社会」を形成していく担い手となってくれるに違いありません。また、障害のある子どもたち自身もクラスの子どもたちと接することによって対人的なスキルを学び、人を信頼し、交わっていくことの喜びや地域社会での生き方を体得していきます。「欠陥」を補う手段を自分で獲得し、あるいは周りの人たちからの援助を活用する方法を覚え、地域社会の中において自己のハンディキャップを克服していく力の芽を身につけていくのではないかと思います。

自分にとって心地よい介助は、その相手に対する愛着を生みます。そこで交わされる表情や情緒的交流は、より相手（対象）を引き付ける反応となって愛着対象に向けられます。このようにして、一層強まる愛着関係の形成は、一見依存的な関係を求める手段のように見えるかもしれませんが、未熟な自己が適応行動を獲得していくうえで有利に機能するとともに、課題に取り組んでいく際に、周りの人からうまく援助を引き出すシグナルとなるのです。

保育士との関係において、あくまでも主体は子ども自身にあり、「してあげる-してもらう」といった関係ではなく、それぞれの主体が向き合う間主観的な関係を通じてお互いが影響し合い成長していくのです。このような主体を尊重する関わりは、いつも周りで見ているクラスの他の子どもにも伝わっていきます。そうした意味において保育所における生活は、障害児にとってもその他の子どもたちにとっても、将来さまざまな人々と関係を持ち、たくましく生きていく方法を自然に身につけていける非常に適切な場だと言えます。

集団ダイナミクスと情緒的関わり

ここで、集団内における障害児と他児との間に形成される良好な関係は、自然に出来上るものではないことは、「いじめ」の問題を見れば明らかでしょう。つまり自然な状態では弱い状態や異質な存在はいじめの対象となりやすく、たとえば、一旦からかいなどの対象になると、どんどんエスカレートしていきます。このような集団との負の関係が形成されないために、集団形成におけるさまざまな過程において、障害児に対する認知の変容や障害児をとりまく集団内に働くダイナミクスの結果生まれてくる関係性を注意深く見ておかなければなりません。

クラスの子どもたちが、特別な配慮を受けている子に対する対人的認知を形成していく際に、子ども自身の心の中にはさまざまな力が働くようです。たとえば、前述しましたが、2歳から3歳前後にかけて見られるものとして、障害児の世話をしようとして、絶えず先生の目を見ながら、ぎこちなく関わる子どもがいます。このような子どもの中には、家庭で満たされない愛情欲求とそこに端を発する注意喚起行動から出発し、甘えたいが集団の中ではかなえられないアンビバレントな状態から抜け出す方法として、直接的愛情要求を表すのではなく、保育者が関わる様子をつぶさに観察していて、保育者が大切に関わっている障害児に対して、先生のようにやさしく関わることによって、「先生のような役割を果たすことができる自分自身」を高く評価してもらえるという動機（下心）が働く子どももいます。自己を保育者の役割の一部分に同一化することによって愛情欲求が満たされる一方略です。「気の利いたお手伝い」や「おせっかい」もそのひとつでしょう。

このように、保育所の子ども集団の中には、保育士の視線をしきりに気にしながら、障害児のお世話をする子どももいれば、また、ある子どもは右記のような複雑な過程を踏まずに、素朴にやきもちをやき、障害児を押しのけて保育士の膝を奪おうと割り込んでくる子などもいます。双方が対等の勢力であれば、壮絶な愛情争奪戦が繰り広げられることになります。他のケースでは、重度の障害を持つ児のそばで、さもうらやましそうに、その子を間近でじっと見つめ、そこから離れようとしない2歳児がいました。いつも保育士に付き添われている障害児がとてもうらやましかったのでしょう。そのうちに、自分にはそのような扱いが期待できないのを悟るとさっさと離れていきました。また、いつも保育士が丁寧に関わり、特別に大切にされている（ように見える）障害児に関わることに「なにか特別の重要な意味があるのかな」と思い、自分も関わりを持ちたいと思うようになる子どももいます。

●子どもの葛藤や退行を受け止め、心の成長の好機とする

ある3歳児クラスの例です。Eくんは障害児ではありませんが、育ちに少し未熟さがあり保育士に絶えず身体接触を求めていました。P保育士はこのようなEくんに対しては、拒否をせずにうまく受け止めて、安定した関係を保つよう配慮をしていきました。しかし、その年の9月に障害児のFくん

がクラスに入ってくることになり、Ｐ保育士は新しく入ったＦくんに手が取られ、Ｅくんに関わることが少なくなってしまったのです。Ｅくんにとっては自分とＰ保育士との関係が今までとまったく違ったものになってしまったのです。Ｅくんは今までのように甘えたいけれども、Ｐ保育士のそばにはいつもＦくんが居り、間には入っていけそうにもない雰囲気でした。

　このような状況において、子どもは戸惑いや葛藤を抱き、そして退行現象を示す子どももいます。子ども同士や保育者との間に生じる葛藤や退行を速やかにキャッチできる感性を持ち合わせることは、保育者としての非常に重要な資質でしょう。というのも、このような三者関係が集団の中で生じたとき、それぞれの子どもの心が育つ絶好のチャンスでもあり、めったにないこのチャンスを逃してはならないからです。

　つまり、集団の中でさまざまな要求がぶつかり、満たされない状況の中で、自己の戦いつまり「葛藤」をどのように処理するのかが子ども自身に課せられるのです。そのようなときこそ、保育者は子ども自身の不適切な要求や退行をも一旦は受け止め、そのとき子どもに生じると自己内葛藤を体験させることと、それをしばらく子ども自身の中に留めておくことにより、外的な事態の変化が生じると解決方法の糸口が見えてくることもあるといったことを子ども自らが知り、そのような体験によって、さまざまな課題状況で対処すべき心的姿勢を見出すことができる良い機会となるでしょう。

●下心からの関わりを適切な関係に導く

Ｅくんは新入児Ｆくんが入り、クラスの状況が変わったことにより、Ｐ保育士にも受け止めてもらえないことを悟ったようです。そこで社会的に認めてもらえそうで、しかも自己の自尊心を保つことができそうな行動を思いついたのでしょう。それは「先生がしているように、Ｆくんのお世話をする」ことです。

Ｅくんは散歩のとき、すかさずＦくんのそばに行き、手を取りました。最初は自分のペースで手を引いたりするので、Ｆくんは拒否的な態度で手を振りほどこうとします。それでも何度か手をつなぐよう先生に促され、繰り返しているうちに、徐々に手をほどこうとはせずにつながれたままでいることが長くなっていきました。Ｅくんは少しずつ相手に合わすことが上手になり、Ｆくんの方もＥくんに好意を示すようになっていきました。ＥくんがうまくＦくんと関わっている様子を見てＰ保育士が誉めると、Ｅくんは満足そうな表情をしていました。

保育士をめぐる子ども同士のこのような関係によって、障害児と周りの子どもたちとの関わりが頻繁に生じるようになりますが、もともと保育士の関心を得ようと企んだ不純な動機から出た親切です。しかし、たとえこのような不純な動機であったとしても、子ども同士が非常に活発な情緒的関わりを持つ絶好のチャンスでもあり、このような関わりを子どもの主体的な対人関係の体験として意義あるものにしていくには、適切な関係調整が必要なのです。

つまり、子どもたちの関わりは、好意的で適切なものばかりではありません。ある子どもは強引に自分の都合のみで関わってくるでしょう。また、使命感のような気持ちで一方的に手助けしてくれる子どももいます。相手の都合や状態を考えない一方的な好意は、迷惑なときもあります。はっきりと意思表示のできない子は、避けたり、拒否したり、逃げ出したり、泣いたりして対処するでしょう。

でも、なぜ嫌がっているのかが分かりにくい場合も多いでしょう。不快な関わりに無防備な時期を過ごすことによって、拒否的な対人認知が形成されることもあります。必要に応じて、子どもたちの間に介入し、関わり方のモデルとなるような場面を示すことも重要なことです。クラスの子どもたちが、障害のある子どもにどのように関われば喜ぶのか、どのように援助すれば、相手の要求に適った手助けになるのかを、いろいろと頭を悩まし、試行錯誤をしているときに、モデルとなるような関わりを普段から目に触れさせておくことで、「先生は、このようなとき、このように関わっていた」などと、気づくかもしれません。

試しに先生がしていたような仕草や声かけや表情まで取り入れてみると、相手がいい反応を返してくれた。うまくいくと、いい顔をしてくれた。手のつなぎ方、つまり、手のどの部分をどのような強さで握ると嫌がらないのかなど、関わりをいろいろと調節してみる。このような子ども同士の間で自然に生じるやり取りによって、相手を思いやる心、相手に不愉快な思いをさせない配慮、人に対する優しさなどを自然に培っていくのではないかと思います。

子どもは自己の矛盾や葛藤を受け止めて自我が育つ

同クラスの子どもたちが障害児との力動的な関わりを通じて、右記のような対人的自己調節機能や自己抑制力が育っていくには、基本的に保育士と障害児との間に信頼関係が成立していることが大前提となります。そして、クラスの子どもたちが保育士に同一化する関係が形成されていければ理想的でしょう。周りの子どもたちにとって同一化の対象がどのような態度や行動を障害児に対してとっているかは大きな関心事です。周りの子どもたちに障害児がどのように映るかは、保育士自身がどのような視点で子どもたちを見ているのかが、大きく影響します。障害児の要求を受け止め、きめの細かい配慮をしていくことにより、子どもたちはその先生の様子や行動様式を取り入れていきます。保育士が粗雑な関わりや邪険な態度をとっていると、やはりクラスの子どもたちもそのようにするでしょう。

幼少の子どもたちは、まだ相手の立場に立って物事を考えることが難しく、自分のペースで障害児をリードしたり、強引に自分の思いのままに動かそうとしたりするかもしれません。しかし、障害児が自分の思い通りにならない、あるいは保育士の指示に従わないときにも、そのときの子ども自身の意志を汲み取り、受け止めていかなければならない場合もあります。しかし、その行動が集団の規範にそぐわないものであったときは、さまざまなトラブルや不適応が生じ、その子どもなりに葛藤する場面に直面するはずです。たえず集団からの逸脱行動を繰り返す障害児を同じ社会（集団）の一員として受け止められる要素を形成していくためには、クラスの子どもたち自身がこの葛藤を自己内に抱え自分の力で処理していくことができなければならないでしょう。

滑り台でいつも順番を無視し割り込んでくる障害児と、それに対して怒りの声を上げていたクラスの子どもが、他の場面では一緒に仲良くままごと遊びをしている、といったことは保育所などの集団ではよく見られることです。ルール破りの者を無闇に厳しく攻撃し排除するといったゆがんだ規範に基づくいじめ集団とは異なり、適切な保育のもとでは保育所の子どもたちの集団はもっとおおらかで、深いところで心がつながり結ばれているのでしょう。健康な子どもたちは、以上のようなおおらかな感性を持っていることが、遊びや保育場面からも推察されます。つまり、ルールによって規制されるのではなく、集団内ではお互いがルーズで許容性が大きいわけです。現実社会では、本来持っていたおおらかな感覚を、社会集団の規範やルールによって厳しく規定し、曖昧な部分を廃することによって、このような融通性のある感覚を持ちにくくしているようにも思われます。しかし、社会的なマナーやきまり、そして規律や法律は、人によって解釈が大きく異ならないものとして共有されるものです。ゆえにそれを守れない人、少しずれる人、いつも破る人に対して何らかの制裁が加えられるのが集団を維持するために必要な機能でもあるのです。

こだわりのない目で純粋に人を見る力を子どもたちは持っています。自分や仲間と違ったリズムやテンポそして特徴を持つ障害児に対しては、違和感や矛盾を感じることになるでしょう。社会的関係を育てるという保育や教育の場においては、このような特徴的な認知に対して、それを一旦受け止め、自己内の矛盾を別の価値観や視点から整合的に調整していくことにより生まれる、周辺との相互交流(Sameroff, 1975) によって、さまざまな感覚や共感的関係が育っていくでしょう。そして、このような心的機能こそが自我を育てる重要な体験となるのです。

4　保育所での子どもたちの姿

はじめにも少し触れましたように、障害児保育が開始された１９７４年に、筆者はA市に開設された保育研究室の心理相談員として、20年余り保育所に在籍する障害のある子どもたちの巡回相談に携わり、その後、東北地方のS市にある大学に赴任することになりました。そこでは保育士養成の仕事に就くことになりましたが、この地でも障害児に関わる機会を与えられました。そこでの巡回相談中に非常に不思議な体験をしました。これらの体験談の中には本書のテーマとは異なる肢体不自由児のエピソードもありますが、自閉症児が生活している同じ保育集団を理解するうえで非常に重要なことなので、他の幾つかの障害児の事例についても述べたいと思います。

●6歳で初めて言葉を発した自閉症児Gくん

Gくんは保育所に入って3年目の男児です。両親と子ども3人そして祖父母の7人家族でした。母親はGくんの妹を連れて実家に戻ってしまい、病弱な祖母とともに父親が5歳半になるまで自閉症のGくんを保育所に預けながら養育してきました。ある日、この父親は、子の将来を案じたのか、高層マンションの屋上からGくんを抱えて飛び降りたのです。Gくんは幸い駐輪場のトタン屋根の上に落ち、重度の傷を負ったものの一命を取りとめました。それまで2年間、Gくんは毎週ほとんど休まずに祖母とともに相談室のグループプレイセラピーを楽しみに通っていました。それは、Ｇくんがようやく保育所を卒園し、小学校に通い始めて半年ほど経った日曜日の夜中の出来事でした。

Ｇくんは骨折部位の固定と、折れた肋骨が内蔵に刺さったための大手術の後、傷口保護のためにしばらくの間ベッドに縛りつけられ、食事も自分ではできない状態でした。しかし、このような悲惨な状態にもかかわらず、Ｇくんはベッドの上で我慢強く過ごしていました。そのような姿を看護師たちに褒められ、その健気さも非常に感心されました。そして、病室の他の患者さんからも声をかけられ、愛情に包まれた入院生活を送ることができました。１か月目に傷口も癒え、やっとベッド上での拘束が解かれたとき、Ｇくんは目の前にあるお菓子の方に手を差し延べ、初めて「マンマ」と言ったのです。Ｇくんが初めて発した言葉でした。その瞬間、周りの看護師たちも「Ｇちゃんがしゃべった！」と、大きな歓声を上げました。生死の間をさまよって、その後も痛みと拘束によって地獄の苦しみを味わったＧくんが、初めて自分の言葉で食べ物の要求をしたのです。

●運動会で初めて歩き始めた脳性麻痺のＨくん

４歳９か月の男児Ｈくんは、整形外科医から脳性麻痺により独立歩行の獲得は難しいと言われていました。Ｈくんは機能訓練の対象から外され、保育所で集団生活を体験させてやりたいとの親御さんの願いで入所したのです。保育所の園長（男性事務職）は、朝登園すると朝礼が始まるまでの１時間を使って、毎日Ｈくんを連れて裏山のハイキングコースへ散歩に行きました。登山口まではバギーに乗せて行き、そこからは両脇を支えて山道を一歩一歩登らせたのです。最初は少し登ったところで引き返し、徐々に距離を延ばしていきました。園長とHくんは、このような体験を毎朝続けました。この園長は訓練の専門的知識があるわけではなく、役所の事務職を20年余り続けてきたまったくの素人ですが、保育所の園長として、自分の力でこの子どもにできることが何かないかという純粋な気持ちから、このような個別の活動を行ったのです。

無資格の職員が保育や訓練に関わることは問題になるかもしれませんが、そのような行政の規則に縛られることなく、子どもの健全育成を促進する立場にある園長として、その熱意と深い愛情を持ってHくんのハンディを少しでも改善するために何かしなければ気が済まなかったのでしょう。日常の保育の中でも保育士の手が足りないときは、子どもたちとともに遊びを体験させるために、Hくんの体を支えて子どもたちの中に連れて行き、ままごとやボール転がしなど遊びの中で必要な姿勢を介助しながら参加させていきました。麻痺のために自律的な動作がとれないHくんに対して、それは機能訓練的な配慮ではありませんが、介助によって遊びや生活体験を増やし、参加意欲や他児との同一体験と共感を得ることができる重要な関わりとなりました。

このような関わりが2年余り続きました。そして雨の日以外は真夏のカンカン照りの日も、真冬の寒い日も、この園長はほぼ毎日、Hくんを散歩に連れて行きました。園長のその顔は陽に焼けて真っ黒になっていました。年長の夏の終りに、保育所の園庭で運動会が開催されました。種目「お母さんと一緒」で、ヨチヨチ歩きの乳児たちとともにHくんは最初、保育士に手を支えられながら歩き出しましたが、母親の前まで来ると、突然手を離して2歩、3歩と、ひとりで歩いたのです。生まれて初めての独立歩行でした。その姿を見ていた周りの親御さんたちは歓声を上げました。皆感激し涙を流して喜び、そして親御さんと子どもたちの中から自然に大きな拍手が沸き起こりました。

依存を克服して歩けるようになったIくん

もう1人、初歩を迎えたケースの話をしておきます。Iくんは人一倍負けず嫌いで、がんばり屋の男児でした。クラスの友だちは4歳になると体格も大きくなり、運動遊びが活発になり、皆楽しそうに走り回っていました。Iくんはそのような他児を見て、つまらなさそうにひとりで遊んでいる場面も多くなってきました。その姿を見て、保育士たちは何とかIくんを励まそうとさまざまな関わりをしてきたのですが、そのような関わりがかえってIくんの依存的な傾向を強めていったのです。年度が変わると、Iくんのいる新しい年長クラスに障害児が2人入ってきました。この子どもたちは園の中を一日中走り回り、目の離せない状態であったため、担当の保育士はこの2人に付きっ切りとなり、本児は関わりを求めても突き放される形になってしまいました。今までいつもそばに付き添って手足となって介助してくれた保育士がいないIくんは、あらゆることを自分自身の力でやらざるを得なくなってしまったのです。そして、周りの子どもたちに援助を求めなければならなくなりました。

保育士と違って子どもたちは、自己の要求に合った援助をしてくれるわけではありません。望むような介助をしてもらうためには、Iくんが主体的に他児をコントロールしていかなければならなくなったのです。「もう少しゆっくり」「もう少し速く」とか、「ボール取って」などといった意思表示をなんらかの伝達手段で訴え、Iくんが投げかけるサインをキャッチしてくれる子とそうでない子を見分けて、自ら要求の出し方の使い分けもしなければならなりません。移動に関しても誰も手を貸してくれず、四つ這いで移動するようになり、このような状況の下で、Iくんは自力で身の回りのことを処理するなど自ら活発に動き出し、身体全体の筋力増進と意欲の高揚が見られたのです。

このように、子どもの意欲を育てることは大人が手をかけることと反比例する場合があります。それは子どもの側にレディネスができていることと関係するでしょう。つまり、それまでの「身体機能の向上」と、安定した養育環境で培われた情緒的安定感により「対人関係を結んでいく力」が育っていることが、その準備状態となると言えます。この条件が基盤となって、周りからの励ましや賞賛を意欲の原動力につなげることができるでしょう。

Iくんはその後の運動会で、父親に手を支えられて走っていたトラックの最後の数メートルを、独立歩行で回り終えたのです。そのときのIくんの表情は、非常に嬉しそうで自信に満ちたものでした。その様子をビデオに残しておこうと、必死にビデオカメラのファインダーを覗いている母親に、満面の笑顔で「おかあさん、ぼくやったよ！」とピースをしているIくんの姿が、録画の中にも映し出されていました。

●メンタライゼーションが確立できていた5歳自閉症児Jくん

もうひとつ、保育所でのエピソードです。自閉症の5歳男児Jくんがジェスチャーで何かしきりに訴えていました。しかし、何を言っているのか保育士が何度聞き返しても分かりません。Jくんは突然、そばにあった紙と鉛筆を取って、泣いている女の子の絵を素早く描きました。

それまでに、家でもしゃべったことのないJくんの言葉を聞いた経験のある保育士がいたのですが、本児が言葉を発したことを担任はじめ、保育士は誰も信じませんでした。その数日後、またJくんの言葉を聞いたという保育士が現れました。この描画表現は、このようなことがあった矢先の出来事でした。画用紙中央にクローズアップされた女の子の顔は、目を両手で覆い、左右に涙をほとばしらせながら泣いています。

Jくんはこのとき、自己の頭の中に描いた表象を言葉に置き換えることができなかったのです。泣いている子どもがいる方向を保育士にしきりに指してジェスチャーで訴えようとしましたが、言葉にはならず、そのもどかしさがJくんに、そのままのイメージを描画としてリアルに表現させたのです。絵を描いた後に「あー、あー」と言葉にならない発声で保育士の注意を喚起したJくんは、保育士が関わることによって、泣いている子の悲しみを慰めることができることを知っていたのです。これは、Jくん自身のそれまでの自己の体験から形成された対人認知と情緒的関係から出された反応であり、この時点でJくんはメンタライゼーションが確立できていたと言えるでしょう。つまり、Jくんには他人の悲しみが分かり、それを伝えることで保育士がどのような行動をし、その結果、泣いている子の心にどのような変化が起こるのかが分かっていたのです。だから一所懸命に、泣いている女の子を先生に知らせていたのでしょう。Jくんは3歳から保育所に通い、集団には参加せずにひとりで保育室の裏や静かな乳児室や事務所で過ごしてきた子どもです。週に1回のグループプレイセラピーに担任の保育士とともに参加してきました。日常保育において愛着関係の形成から始め、保育の中で蓄えた経験や育ってきた対人的な感情がこのような行動に結びついたのでしょう。この絵を描いて1か月経った頃から、Jくんは保育所で簡単な要求を言葉で表現するようになったのです。

●短期間で情緒的交流が持てるようになった自閉症児Kくん

Kくんは、保育所に入所した頃は呼んでも振り向かず、興味が向くままに園庭や他のクラスを転々と動き回り、ひとりで園庭の滑り台の上やブランコに乗って過ごしているような子どもでした。半年ぐらいの間は、保育士が彼の手を持ってクラスに引き戻そうとすると、「ギャー」とその場に座り込み、頭を床にぶつけるといった状態でした。そのようなKくんが、やがてクラスの子どもたちと手をつなぐようになり、保育士のそばでしばらくの間じっと座っていられるようになりました。そして、目が合うようになり、保育士の膝の上に登って甘えるようになってきたのです。表情も、何かに取り憑かれたような、あるいは夢を見ているような虚ろな目つきから、柔らかなまなざしで視線を向けてくれるようになりました。そして、目が合った瞬間Kくんがにっこり笑うと、その表情がなんとも言えず可愛らしく、情緒が交流するとはこのようなことだ、と思える瞬間でした。

このような子どもの変化にしたがって、日常的に関わる保育士自身の表情やKくんに対する関わりの質も変わっていったのです。つまり、交互の情緒的な交流が生まれると、ままごと遊びができるようになるなど、Kくんとの間に表象が共有できるようになり、お互いの意図が伝わるようになったのです。そして、子どもが示す表情によって、関わる側の感情も大きく変わり、やがて双方の心に変化が生まれていきました。

日々の保育で培われる子どもの力

以上のような数々のエピソードに見られるように、「閉ざされた」あるいは「うまく伝えることができなかった」子どもの心や外界とのつながりなど、さまざまな力が引き出されていく過程をともに歩んでいく醍醐味は、実際に子どもと日々関わっている者にしか味わえないものだと思います。

「保育所や幼稚園の集団の中でこそ、子どもは変わる」といった一種の幻想とも言えるような期待から始まった「障害児保育」ですが、それは単なる思いつきではなく、養育者の長い経験から出てきたものであったのでしょう。集団の中での子どもたちの生き生きとした生活や子ども同士の関わりを知っている人たちは、その中で障害を持つ子どもたちが毎日生活することの意義を感覚的に感じていたのかもしれません。しかし、すべての障害児が集団の中で同じような育ちをするわけではありません。子どもの特性や障害児を含む集団メンバーの状態によって個々の体験は大きく異なるでしょう。

では、どのような集団の刺激や関わりが、障害のある子どもの成長や発達に作用していくのでしょう。保育所や幼稚園のような子ども集団の中で働くダイナミクスの要因は多様であり、この多様な刺激が複合的かつ統合的に子ども自身に影響を及ぼしていると考えられます。そこで我々にできることは、保育場面で起こるさまざまなエピソードを一つひとつ拾って検討するか、臨床場面をつぶさに観察して、分析的かつ総合的に判断するしかありません。このような姿勢で関わり続けていくことで、子どもの日常生活の中で、右記に挙げたような大きな転機となるエピソードは必ずあるものです。長年子どもたちとともに生活をしていると、数年に一度や二度はこのような体験をします。子どもの成長の転機は突然現れることが多いですが、その背景には長く苦しい日々の保育や家庭生活の積み重ねがあり、子ども自身がその力を貯えてきたからに他ならないでしょう。

我々は、子どもがそこに至るまでの過程を逆にたどることによって、集団生活の中で子どもがどのように変わったのかを確認していくことができるかもしれません。しかし、集団の中でどのような関わりや保育をしていけばよいのか、即効的なノウハウはありません。それは、日常の実践をコツコツと積み重ねていくことによってしか見えてこないでしょう。

筆者は、長い臨床経験の中で温めてきたさまざまな子どもたちの様態を、当時うまく説明できずに事実記述のまま保留してきました。それらが後に発展してきた理論により、今はすっきりと説明できるような気がします。この体験でも、「泣き顔の描画」で一所懸命表現したJくんの気持ちが分かります。そして、後にJくんが言葉で自己の表象を訴えることができるようになったとき、その生き生きした姿から、自己の内面をうまく伝達する手段を獲得することの意義の重大さを改めて認識しました。

第3章 「自閉症」の子どもたち

1 気になる子どもたち

自閉症の診断名と診断基準の変遷

障害児保育が開始されて40数年も経ったことは冒頭でも述べましたが、その開始以来ずっと障害児保育の対象から除外され、保育士の加配もなく集団の中で対人関係の問題やさまざまな不適応行動をおこす「気になる子どもたち」が毎年度各園数名いました。保育士の間では「障害児より手が掛かる（配慮が必要な）」子どもとして共通に認識されていましたが、障害の診断がされていないので加配の対象にはならず、特別な職員配置はなされなかったのです。その後、高機能発達障害やアスペルガー症候群、軽度発達障害と呼ばれるようになった子どもたちです。保育所や学校での会議や研究会で必ず話題に上がり、その対応に苦慮している現状が報告されていました。やがてそれらの診断名が一般に使用されるようになり、関西圏下においては、早いところで80年代末から90年代にかけてやっと加配の対象として認める市町村が出てきました。しかし、遅いところでは２０００年に入ってからやっと加配の対象とした市町村もありました。

集団の中での臨床像は、日常生活や言葉に遅れはなく「非常に記憶力がよく」「特有のルールにこだわり」「個性的?」だが、融通性がなく自己のパターンを崩されるとパニックになったり不安症状をあらわにしたりします。大人のような口調で一見博学な表現をしますが、状況に合わず何となくぐはぐな言動で、情緒的交流や対人関係に困難さが見られます。そして、友達がつくれなかったり、他児にからかわれたりするため本人自身も「なぜ友だちができないのだろうか」「なぜ皆私のことを笑ったりからかったりするのだろうか」と、年齢とともに悩んだりする子もいるようです。

障害児保育が開始される前から、対人関係に障害のある子どもたちが各保育所に1人や2人はいたのではないかと推測されますが、保育所や幼稚園のような幼児の集団で、「気になる子ども」（村井他、2001）として保育実践報告などで問題にされることが多くなってきたのは、2000年前後からでした。それまでは他の知的障害や身体障害などの子どもの保育がクローズアップされ、高機能自閉症の子どもたちのように、日常会話や身辺の自立もできており、日常生活でもあまり手の掛かることがない子どもたちは、むしろ養育環境に起因する情緒的な問題を持つ子どもとして扱われ、障害児保育の対象としては扱われていませんでした。そのため、保育所や幼稚園に入っても、特別な個別の配慮や指導がなされず、部屋から飛び出したり、保育中部屋の中を歩き回ったりしたときも、叱られたり、放置されたりしていたわけです。

ＡＳＤの捉え方は、これまでにさまざまな変遷を経てきました。1960年代後半に自閉症が発達障害であるといった研究結果が報告されるまでは、情緒的あるいは精神病理的がその原因だと考えられ、親御さんの育て方や環境が問題とされていました。そして、次にその病態の原因として考えられたのは、認知あるいは言語の障害でした。つまり、言葉の障害あるいは認知障害が対人関係や社会性の障害を引き起こしていると考えられたのです。しかし、80年代の後半になってこれらの考え方に代わって、自閉症はさまざまな病因と多様な病態を持つ、脳の広範囲にわたる機能障害がその症状を形成していると考えられるようになりました。いわゆる広汎性発達障害の考え方です。ここでは自閉症の原因について詳しくは触れませんが、この章で取り上げている「対人関係に問題のある子どもたち」の中には、かつてのアスペルガー症候群、あるいは非定型自閉症のように、自閉症の診断基準を満たす症状が全部揃っていないが、いくつかその特徴を持っている子どもたちも含まれています。DSM-5で示された新基準では、そのほとんどがASDと診断される子どもたちでしょう。

自閉的な病態はさまざまな様相を示し、自閉症の徴候が連続体をなしているといった見解が一般的になり、2013年のASDという診断名の改訂に至りました。最近この病態の地域別有病率を調べる疫学的研究が進んできており、これら自閉症傾向のある人たちをすべて含めると、1万人に90人余りの出現率を算出している研究機関もあります。英国自閉症協会（NAS）は1997年の会報の中で次のように報告しています。「自閉症圏障害（Autistic Spectrum Disorders）の人たちの推定値は、知的障害を伴う人たちについては、1万人に20人としています。そしてアスペルガー症候群、高機能自閉症、そしてその他の高機能広汎性発達障害を合わせると1万人に70人ほどが英国での有病率」と報告しています。そして、かつて高機能発達障害の約半数がアスペルガー症候群であるといった推定もされていました。しかし、この有病率については研究者によって大きな開きがあり、その後診断名の改訂によって、従来のアスペルガー症候群の中でも常同的行動や同一性保持、固執傾向などの特徴のないものの多くが、コミュニケーション障害と分類されています（土屋他、２００９）。

２０１３年に改正された診断基準は従来の広汎性発達障害の概念にほぼ一致し、多くの臨床事例から認知の特性について身近な行動を取り入れた感があります。そして、発症年齢を曖昧にし、従来の高機能自閉症とアスペルガー症候群の一部をコミュニケーション障害に分類しています。また、重要な特徴として感覚過敏など認知・知覚の問題が新たに明記されています。ＤＳＭ－５によるＡＳＤの診断基準を簡単に記しておきます。

Ａ　社会的コミュニケーションと社会的相互関係の欠陥（Deficits in social communication and social interaction)

①社会的－情緒的相互作用の異常な状態から社会的交流の欠如に至るまでの欠落

②言語・（ジェスチュア、表情など）非言語的コミュニケーションの欠陥

③発達水準相応の象徴遊び、イメージの共有、仲間関係形成の困難

Ｂ　行動、興味、または活動の限定された反復的パターンが２つ以上ある（Repetitive patterns of behavior, interests, or actives)

①ステレオタイプあるいは反復的な行動や言語（特有の言い回し、エコラリア）

②同一性、ルーチン・儀式化された行動への過度な順守

③限定的・執着した興味

④感覚の過敏または鈍感さ、または環境への並外れた感覚的興味（光・音・臭いなど）

Ｃ　症状が発達早期から存在

ＡＳＤの知的発達と感覚過敏・興味の偏りとの関係

次に、ＡＳＤを対象とする調査研究の結果について紹介しておきましょう。筆者が２０１２年に行ったＡＳＤを対象とした研究では、知的発達と感覚過敏や興味の偏り（sameness）とは相関は認められませんでした（廣利、２０１２）。つまり、感覚過敏や興味の偏りといった発達の特徴が、知的発達とは異なった次元の特徴であることが分かります。しかし、これらは愛着関係やコミュニケーションの質や対人関係要求とは互いに関係を有しており、情緒的な状態や自我の発達に大きな影響を与えていると言えるでしょう。

本来、「興味」や「意欲」は、年齢に応じて固有性を有しながら、一定の幅を持って育ちます。一定の環境条件において、機能的な障害や問題がなければそれらは育ってくるはずです。人の顔をまじまじと見たり、不思議な動くものをじっくり観察したり、人の遊びをじっと見たり、親の動作を摸倣し取り入れたりしていくなど、これらすべての興味や意欲に基づいた行動の獲得には、必ず、それまでに形成された愛着対象との絆と随伴的情緒交流が伴っていなければなりません。これは、ウィニコットも述べているように、そもそも安定した自然な（健全な）養育環境において本来は備わっているものです。

何らかの阻害要因があり、それが子どもの側に存在するとすれば、自然な交流が困難となり、養育者のストレスが増大し、悪循環が起こるなど、他のさまざまな要因が加わることになるでしょう。その結果、養育者がイライラすることや叱ることが頻繁になったり、無視や、放置、反応のズレ、過干渉など、不適切な関わりが多くなったりして、いわゆる「ほどよい」関係や随伴的交流は起こり難い状況が生じてしまいます。逆に、親御さんの側に対人認知の問題や感情の病理、虐待など養育態度に問題がある場合も同じことが生じるでしょう。

このように何らかの要因で本来乳児期に育つべき興味と意欲が阻害されたり、あるいは選択的に自己の興味方向へ偏ってしまったりする子どもがいます。彼らは感覚が過敏なために、周りの刺激を過剰に回避または選択し、経験が狭められ、全体的な状況把握が非常に困難ないわゆるＡＳＤの特徴を強めてしまい、集団への適応能力や対人関係の持ち方が形成されずに大きくなってしまいます。ここで重要なことは、このようなケースにおいては、その特徴が人との情緒的関係性の欠如や希薄な状態につながってしまうということです。

健康な乳児は、対人的な興味を持ち、人やその表情と仕草をつぶさに観察し、共鳴的に取り入れて反復試行の末、効果的な行動を獲得し、並行的な遊びから共同遊びに発展するといったプロセスをたどります。このような関係性の体験によって「興味」から「摸倣関係」を経て「同一化」といった社会的な刺激を取り込むスキーマを形成し、その効果をより強く認識することによって、意欲的な対人関係の保持や集団参加へのさまざまな方策を見つけ出していくのです。つまり、感覚過敏や興味の偏りなどＡＳＤの特徴は、知能検査や発達検査では測れない社会性や精神世界、つまり、心の次元に影響を与えていると言えるでしょう。しかし知的生産性が評価される高度なＩＴ社会においては、知的能力が求められても、心の領域は重要視されずに生きていくことができる分野がたくさんあります。一部のアスペルガー症候群の人たちが社会的に大成功している事例はよく知られているところです。

次のエピソードは、80年代初期頃のことです。その頃はアスペルガー症候群の診断名はまだ一般的には使われておらず、「対人関係の持ち方が少し変わった子」と言われていた5歳児の女の子Lちゃんですが、母親に連れられて病院に行ったときのことです。廊下の向こうの方から白いパジャマを着た老人が、こちらに向かって杖をつきながらおぼつかない足取りで歩いてきました。このご老人と擦れ違うときに、「お母さん、この人いつ死ぬの？」と、Lちゃんが言ったものですから、母親は内心「あー！　また言ってしまった！」と思いましたが、もう手遅れでした。そのご老人は激怒し、母親はしつけの悪さを厳しく罵られ、ただひたすら謝ったそうです。

また、Lちゃんの家庭はスーパーマーケットを経営しており、レジを打っている母親の横でよく遊んでいました。ある日、支払いを済ませて買ったものを袋に詰めている1人のご老人の頭に興味を持ったのでしょう。そばに寄って行き、「おじさん、どうしてハゲなの？」とたずねたのです。このときは、このご老人は大笑いして、「水をやらなかったからだよ」と説明してくれ、Lちゃんは納得したようです。非常にセンスのいいおおらかな人だったのでよかったのですが、母親は冷や汗をかいて平謝りをするといった結末でした。Lちゃんは何の悪気もなく、ただ見て素直に感じたことをそのままたずねたのでしょう。相手の心には気がつかず、見たままを表現し、自分が発する言葉が相手に及ぼす影響について思慮が及ばなかったのです。いずれも、子ども側の論理からすれば、なるほどと納得してしまいそうなことばかりです。場合によっては子どもの方が正しいこともあります。では、このような子どもたちの何が問題なのでしょう。

〝言葉を慎む〟という心的機能は、相手の心を読む力が備わらなければ働かず、自己が発する言葉を、さまざまな状況や口調などによって、相手がどのように受け取るのかを推し量ることができるようになるのが、定型発達では5〜6歳頃と言われています（S・バロン＝コーエン他、1997／櫻本豊己他、2014）。

この頃は「自閉症」の概念もまだ一般的ではなく、このような子どもの症状とケアについては、教育や保育現場はほとんど無知であったと言ってもよいでしょう。親御さんのしつけや養育環境の問題であると言われ、親御さんや関係者が悪者にされ、罪悪感にとらわれたり育児の自信さえも失ってしまう親御さんも多くいました。

「診断名」の使用目的について少し触れておきますと、それは単に障害名のレッテルをつけるためのものではありません。診断に基づいて、障害の特徴と課題を明確にして、問題の改善や幼児期に形成される人格の基礎をしっかりと形成していくための方策と手だてを講じるために大切な事柄なのです。原因も分からず子どもの問題に振り回され、頻繁にしつけの悪さを批判されるといったことから、親御さんを守り、悪循環に陥らせないためにも、診断名によって子どもを理解し、治療や療育の方策や積極的な集団との関わりによって対人関係の形成を図るための実践プログラムを模索していくことが、今、求められています。そのための基本的な資料として、有効に利用されなければなりません。

「自閉症」の世界

「自閉症」の研究は、養育態度や環境説から脳機能障害、言語障害、認知障害、代謝異常説そして最近では認知障害による対人関係のずれから生じるさまざまな症状も報告されています。またドナ・ウィリアムズをはじめ自閉症者たちによる、その幼児期からの記憶を克明に記した手記（ドナ・ウィリアムズ、１９９３）などが出版され、自閉症児の内的世界が解明されてきました。そこには、それ以前に学会等で論じられてきた自閉症像とはずいぶん違った彼ら独自の世界があり、それは学者たちの認識を一新するほどの衝撃的なものでした。その後も自閉症児の認知や最近では脳などを中心とする研究は益々さかんに進められていますが、未だその本質的原因究明には至っておらず、暗中模索の段階と言えるでしょう。指導法についてもさまざまな教育プログラムや一世を風靡した行動療法なども若干の改善は見られるものの、対人関係の改善については見るべき効果は未だ報告されていません。

かつて、ローナ・ウイング（１９９８）は、その著書の序文の中で、アスペルガー症候群の特徴を次のように説明しています。「アスペルガー症候群の人たちは、この人間社会を他の人とずいぶん違う受け取り方をしています。彼らは、他の人たちの方がおかしい、困った人だと思っています。どうして人は、自分の思ったことを正直にいわないのか？　なぜ心にもない会話を交わしたりするのか？　そして、どうして意味もないつまらないことについて、一生懸命に言葉を交わすのか？……なかでも不思議なのは、なぜ他の人たちは自分と較べたら、そんなに非論理的なのか？」

確かに我々は生活費を稼ぐためとはいえ、一般と呼ばれる大多数（nomal・general）の人たちは毎朝決まった満員電車に乗り、いつもの駅で降り、わき目も振らずに会社までまっしぐらに向かい、時間どおりに会社に滑り込む。そして、無味乾燥な書類の山に埋もれ、数字とにらめっこをしたり、決められた通りに接客やサービスを提供したり、機械操作をしたりして、8時間が過ぎると荷物をカバンにまとめて帰途に着く。これを、毎日何年間も繰り返しているのですが、その無意味さにはほとんどの人があまり疑問にも思っていないでしょう。それどころか、周りに気遣い人目を窺いながら、自分は他人と違っていないか、変な目で見られていないかと、いつも神経を尖らせて生活をしているのが常識的な社会人と言われている人たちではないでしょうか。また、対人関係をスムーズに運ぶためには多少は有効なのかもしれませんが、心にもないお世辞やお礼や挨拶を交わすことも、日常生活の中では常識として重要なこととされているのです。

それに比べ、自閉症者・児の行動を見ると、自己の興味に素直に従い、大好きな石ころや虫などを集め、毎日それを眺めて至福の時間を過ごしている人、また、雨上がりの水溜まりを見つけ、小石を投げ込み自分の大好きな水遊びに耽り、水面の波紋の変化を飽きることなく楽しむ子ども、きらきらと輝く木々の木漏れ日を飽きることなく眺めたり、シャンデリアから放たれる光の一部になったような至福の体験ができる人もいます（廣利，1997）。このように見ていくと、自閉症児にははかりしれない豊かな世界があることを改めて認識させられます。

それでは、高機能自閉症の人たちが体験している世界とはどのようなものでしょう。ドナ・ウィリアムズの手記から、もう少し詳しく見ていきたいと思います。その手記には、自閉症の人が非常に豊かな独自の世界を持っており、彼らの世界に入って行ける人とは共感的な関係を保つことができることが記されていました。また、さまざまな職業や人間関係を転々とする生活体験を克明に述べています。ドナは、高級皮革服のボタンホールの作業をうまくこなせるようになったのですが、穴あけに夢中になり必要以上に服のいたるところに穴を作ってしまいます。高級皮革服は台無しになってしまい、工場長にこっぴどく叱られ、辞めさせられてしまいました。また、図書館や販売店の倉庫での商品管理では、まじめで仕事振りが正確であると評価されるのですが、その反面、整然と並べた商品の一部出荷や本の貸し出しによって、商品が不揃いになったり、巻数が欠落することが不安やパニックにつながったりしてしまうのです。その度に、一部商品の出荷に抵抗し、他の職員とトラブルを起こした挙句、その職場を辞めてしまいます。棚に整理整頓されて一直線に並んだ商品箱や全集の書物を眺めるのは、至福の時であり、非常に楽しいことだったようです。彼女にとって同一規格製品や巻号のある書籍を一から順番に整然と並んだ状態を崩すことは、営業目的であれ、教育目的であれ、どのような理由でも許されなかったのです。

手記を出版した後、イギリスの郊外に住む彼女を某テレビ局が取材しています。その中でドナの世界がどのようなものであるかが、少し理解できたような気がしました。太陽の光を受けて、橋桁から滴り落ちる雫が川の水面できれいなしぶきを舞い上げている、そこに光が当たり、まるで光の玉が踊り跳ねているような光景に、ドナは何時間も見入っていました。ドナが室内装飾の店に入ると、そこにはさまざまな美しい置物や、ガラス食器、調度品が陳列してありました。彼女は天井からぶら下がっているシャンデリアから下がっているクリスタルガラスに見入ってしまい、そこから放つ光の中に吸い込まれるような体験をするのです。そのときドナは、クリスタルを通して見える光が作る透明な世界に「入っていくことができる」と語っていました。そして、利潤追求といった企業目的に縛られ機械のように自己の行動をコントロールして、毎日会社や学校で働いている人たちに向かって、ドナは次のメッセージを投げかけていました。現実の社会への適応よりも、むしろ彼女が体験している、いわゆる「自閉」と呼ばれているすばらしい世界に「Welcome to my world」と。

この手記は非常に衝撃的でした。その後の彼女へのインタビューなどから、自閉症者とそうでない人が気づかない世界に住んでいて、自閉症者の世界がさまざまな光と色と形に彩られた、非常に豊かな世界があり、純粋で美しい世界であると述べています。この表現は、自閉症を長年研究してきた多くの研究者にとって、その視点を大きく変えるきっかけになったでしょう。恐怖や不安に慄き、人への無関心や拒否のために外界から遮断し、自己の殻に閉じこもった状態から、その内的な世界には特有のものがあり、そして無感動や無関心で情緒の無い世界どころか、むしろ非常に豊かな体験世界でもあることを、多くの学者は新たに知ったはずです。

2　障害児保育事例

さて、筆者がいままで保育所で出会ったＡＳＤ児について述べたいと思います。それぞれの子どもたちは現実に出会った子どもたちばかりですが、個人のプライバシーを守るため多少のアレンジと変更も交えた表現になっています。しかし、本書の趣旨には何ら影響はありません。

冒頭にも述べましたが、筆者が初めてこの仕事に関わった１９７０年代前半、つまり「障害児保育実施要綱」が出される直前でしたが、障害児の「保育所入所運動」が関西を中心に活発に展開され、たくさんの障害児の親の会が結成され、それぞれの地方自治体に対して交渉を挑んでいました。Ａ市では行政当局は親御さんたちの強い要求を受け止め、医療的ケアの必要な子ども以外は無制限に近いほど障害児を保育所に入所した時期もありました。その結果、各クラスに３〜４人の障害児が在籍するような保育所もありました。このような経験が、その後の障害児保育の適性規模について重要な経験となったことは確かでしょう。

保育士を質問攻めにする４歳男児Ｍくん

Ｍくんは３歳で保育所に入りました。入所当初は、場面の切り替えが難しく、また持ち物など他人のものと自分のものとの区別やルールが理解できなくて絶えずトラブルを起こしていました。また、子どもや遊びには興味はあるのですが、自分本位に他児の遊びに介入していくので、子どもたちに拒否されることが多くなってきたのです。

あるとき、保育士による仲介的な働きかけもあって、クラスの女の子と仲良しになりました。その女の子はＭくんをまるで弟のようにかわいがり、本児も楽しそうに一緒に遊ぶ場面が多く見られるようになってきました。しかし、本児は自己中心的な考えや関わりをしつこくその子に求めるので、相手もだんだん負担になり、Ｍくんへの関わりを避けるようになってしまったのです。その後も次々とたくさんの友達ができるのですが、Mくんの執拗なこだわりにつきあっていくことができずに、どの子も次々と去っていくといったことが続きました。

２年目の４歳児クラスになり、それまでに蓄えていた言葉が急にあふれだしたかのように、担当保育士に対して執拗な質問をし始めたのです。友達が休んでいると「なんでおやすみ?」と保育士に尋ね、保育士が「風邪でおやすみです」と答えると、「なんで、風邪でおやすみなの?」「風邪でしんどくて、寝てるんだって」とさらに答えると、「どうして、寝てるの?」などと終わりのない問いかけが続き、そのうちに相手が答えられなくなると「どうして、ねー、どうして」と怒り出して保育士を叩く、唾を吐くといった行動が見られるようになりました。

●絵が上手なNちゃん

筆者が初めて出会ったＡＳＤ児は5歳児の女の子、Nちゃんでした。同じクラスにはもう1人ＡＳＤの男の子がいました。Nちゃんは非常に絵が上手で、一日に何十枚もの絵を描きます。保育所の事務所には電算センターからもらった廃棄用のプリントアウト連続用紙がたくさん置いてあり、子どもたちはその裏紙を自由に使えるようになっていました。Nちゃんの描く絵は人物画がほとんどで、油性のサインペンで足の先から胴体、腕、首、頭、そして反対の腕へと一筆描きで一気に描くことができるのです。しかも、一つひとつの絵は、非常に躍動的で、さまざまな姿態を描き、その活々としたすばらしい描画表現は周りの者をいつも驚かせました。紙がなくなる頃になると、中央電算センターから廃棄処分用の紙が出ましたと電話が入り、そしてセンターの職員が運んできてくれました。その頃はラインプリンター用の紙は再生紙ではなく非常に上質な紙で、描画用には最適なものでした。このような環境で保育所は紙の心配をまったくしないで、Ｎちゃんに思う存分絵を描かすことができたのです。

また、彼女はこだわりが強く、食卓の箸、茶碗、コップの位置が決まっており、いつもの位置から少しでもずれると置き直していました。たまたまそこに鍋など移動できないものがあれば、パニックになり、泣き叫ぶのです。母親の服装に対してもこだわりがあり、たまにズボンにはき替えると泣き出します。最初は、母親もＮちゃんの様子がおかしいので、いろいろとその原因を探ってみますが、さっぱり分からず随分困ったようです。しかし、あるとき、たまたまスカートに着替えると急に泣き止み、初めてそのことが分かったそうです。その他にも眼鏡をかけたり、髪型を変えたりするとパニックになり、見知らぬ人を恐れるように逃げ回るといったことがありました。このような反応はこだわりともとれるし、認知特性によるものともとれるでしょう。つまり、服装や髪型が変わると母親が別人になってしまうのです。

お父さんが分からなかったＯちゃん

他にも、３歳児の女の子Ｏちゃんで、このような例がありました。いつも、夕方の決まった時間帯に帰宅する父親が、昼間に仕事の途中で自宅の近くまできたので、ちょっと休憩しようと思い立ち寄りました。父親の姿を玄関で見るなり、急に何か恐ろしいものに出会ったかのようにびっくりして奥の部屋に逃げ込んでしまいました。そして、父親が一息ついて出て行くまで、Ｏちゃんは部屋から一歩も出て来ようとしませんでした。いつもの時間帯での父親の帰宅は、この子にとっても大きな喜びであるにもかかわらず、順序や背景の異なった状況での出会いはまったく見知らぬ人（stranger）あるいは受け入れられない人と化してしまうのでしょうか。また、同じクラスの友達と近所のスーパーで出会ったときのことです。保育所ではよく関わりもあり、よく手助けをしてもらい、一緒に食事や遊んだりしている相手であるのに、店の中で声をかけられると、まったく見知らぬ人を見るようにびっくりして相手を避け、母親にしがみつくといったことがありました。

●ＡＳＤの対人認知から生じる不安やストレス

一般的な対人認知様式としては、人的対象は恒常性を持ち、髪型や服装、化粧が異なってもその人そのものは変わることはありません。また、人はさまざまな表情や姿勢と行動を行い、刻々とさまざまな様態を示し一時も一定ではありません。しかし、ＡＳＤ児にとっては、その「人そのものは変わらない」という対象恒常性が成立していないのです。このような対人認知様式がどのようにして形成されるのかはさまざまな考え方があるようですが、メラニー・クラインの対象関係論（Spillius, E. B. 1988）では部分対象から全体対象としての認知が形成される幼児期前期から後期にかけて対象恒常性が形成されるのですが、ＡＳＤ特有の認知の硬さとこだわり、そして優れた視覚記憶によって、固定的な対人認知を形成しているために、絶えず変化する表情や行動、姿をすべて統合してその基本に流れる一定の特徴や特性への認知が形成されないのです。一対一応の記憶は優れていますが、周辺情報をまとめて、その発信源が一定者であることが推測できないのです。このようにして、自明性の確立がＡＳＤは困難と言えるでしょう。

このようなＡＳＤ特有の認知や行動特性から生じる不安やストレスは、周りの人々には理解し難いがゆえに、ともに分かちがたく、特に幼少期においては、その不安やストレスを適切に解消する方法も持ち合わせていない場合がほとんどでしょう。そのために生じたパニック行動は、このようなストレスの表出形態だったのです。

また、自閉症児にとって心の安らぐ場所は「母親の膝もと」や「やさしいことば」といったものではなく、ひたすらに同じ行動を繰り返し、その感覚に耽ることに、むしろ安定感を感じるようです。保育士たちはこのような自閉症児の特徴とストレスに満ちた内的な世界を理解しようと努力するとともに、同じ視点での共有体験を増やしつつ、自閉症児の行動に付き合ってきました。自閉症児の保育の課題として重要なのは、子どもがこだわっていたものが気にならなくなっていく過程や新奇場面において、さまざまな不安状況を超えて行かなければならないとき、保育士が子どもの感じている不安やストレスを低減し、安らぎを与えてくれる対象となることです。

●交替保育士の関わりを拒否するＰちゃん

半年ぐらいの期間、障害児Ｐちゃん（４歳女児）の担当をしてきた保育士が、他の人に交替することになりました。しかし、後任の保育士には懐かず、近づくと逃げてしまうのです。もちろん呼んでも来ません。月日の経過とともに徐々に避けなくなってきたので、少し関わろうとすると再び強く拒否されてしまいます。この保育士はいろいろと手を替え品を替え関わりを試みますが、やはりだめで、保育者としての自信をすっかり無くしてしまいました。彼女はPちゃんに関わりを否定され、保育の糸口が見出せなくなり、保育士としての役割を発揮する場面が作れません。また、関わりを拒否されたことが自己の人格までも否定されたような錯覚に陥ってしまったのです。そして、関わりを拒否するPちゃんの保育をどのように進めればよいのか、非常に悩んだ末に保育相談にあがってきました。

彼女なりに非常にショックだったようで、保育相談の席で涙を流す場面もありました。筆者も対応に非常に困り、このようなASD児の反応は保育者の技量や人物の問題ではなく、子どもの特徴からくるものであること、つまり、愛着関係の形成には時間がかかることや基本的な安心感の未確立、あるいは対象関係の未成立から出てくる行動であることなどを説明すると、少し安心したようでした。この保育士は、「いつかは自分のほうに心を向けさせる」と、固い決意でその後も基本的には態度を変えずにPちゃんに関わっていきました。

それから2~3か月後、その熱意が伝わったのか、Pちゃんが保育士の手を引きにくるようになりました。また、座っていると背中にもたれて甘えてくる場面も見られ始めたのです。日々保育所での生活をともにする中で、遊びや着脱、食事の場面、排泄介助など、日常的な生活場面において、関わりの糸口を見つけ、さまざまなチャンスを捉えながら介入していくことにより、保育者に対する認知が変わってきたのです。

つまり、最初に出会った後任の保育士はPちゃんにとって、自分の世話をしてくれる慣れ親しんだ安心できる人とはずいぶん違った印象だったのでしょう。新しく来たその人の行動は予測不可能で、今まで関わったことのない振る舞いや、喋り方、テンポで自分に関わってくる、このような関わりは

Pちゃんにとっては極めて侵襲的な感じを受けたに違いありません。しかし、援助的な接触を続けるうちに、自分の行動を介入的に阻止するstranger（見知らぬ人）から、自己の要求を満たしてくれる人、自分にとって心地よい状態を作ってくれる人に変わっていったのでしょう。

ボウルビィも言っているように、愛着形成は近接距離で自己の利益になる関わりを必要なときに保つことができる存在へ愛着を形成します。そして、いつも目に触れることでfamiliar（見慣れた）存在になっていくことが、愛着関係形成の第一歩となるのです。

●保育所の前の家に上がり込み、冷蔵庫のジュースを飲んでいたQくん

Qくんはお菓子やジュースが大好きで、よく保育士の目を盗んでは保育所の事務所の奥においてある冷蔵庫からジュースを出して飲んだり、戸棚の奥に隠しているお菓子を見つけだしてはよく食べていました。

保育所の玄関前には空き地があって、保育所の子どもたちは園庭前のこの広場では園生活から開放されて、走り回ったり、草むらの中に小さな虫を見つけて遊んだり、ムラサキツユクサやタンポポ、レンゲなどさまざまな草花を摘んだりして、子どもたちの恰好の遊び場になっていました。しかし、ある日からその広場で工事が始まり、1年も経たないうちに、保育所の玄関前は細い路地になってしまい、向かいには家々の玄関がずらりと横並びに並んだのです。保育所からはそこに住む人々の出入りがよく見え、その様子を子どもたちも日ごろからよく見ていました。Qくんもそれらの家々の人の出入りを見ていたのでしょう。ある朝の登園時刻、園児や親御さんたちの出入りが激しいとき、Qく

んは保育所の玄関が開いている隙に飛び出して、保育所の向かいに並ぶ1軒の家に入っていったのです。そして、台所においてある冷蔵庫の中にある物を物色し、ジュースやハムなどを飲み食いしているところを、家の人に見つかり、御用となってしまいました。

そこの家の人はすぐに保育所の在園児と分かり、Nくんは保育所に連れ戻されました。その後、同じ家に2～3回忍び込み、毎回その家の人に連れられて保育所に戻ってきました。ここまでならば、まだよかったのですが、あるときQくんは何を思ったのか、その家のガスの栓をひねり、あわや大惨事になるところでした。これにはいくら寛容な家人も見逃すことはできず、保育所の所長をはじめ担任は、その家の人から厳重な注意を受けることになったのです。

このように、Qくんは状況の判断がむずかしく、場所や時をわきまえず欲しいものがあれば、短絡的に獲得しようとする傾向がありました。他人の家に入るのは抵抗があるものですが、本児にとっては、空き地から建設過程をずっと見ていた家に人が訪れ、やがて住み着いた人々の生活している姿を毎日見ており、まったく見知らぬ家ではなかったのでしょう。抵抗なくその家に入って、冷蔵庫を開けると大好物のジュースが入っており、お菓子も見つけ、そこに居座ったようです。

●保育所の屋根を遊び場としていたRくん

「Rくんがまた屋根の上を走りまわっています、すぐに見に来てください」と保育所の所長から電話が入りました。急いで車で駆けつけたところ、保育室の屋根の上を嬉々とした表情で走り回ったり、15～16センチ幅のフェンス壁の上をまるで軽業師のように歩いたりしている場面に出くわしたのです。

そのうちに頭上に垂れ下がっている電線を摑んだりよろめいたりすると、「キャー」と下から見ている保育士たちが悲鳴をあげます。見ているだけでも落ちはしないかとヒヤヒヤし、胸が締め付けられる思いがしましたが、手も足も出ない状態でした。

その年の４月に人事異動で保育所に配置された男性の保育所長は、運悪く強度の高所恐怖症でした。屋根に上がるだけでも、この所長にとっては命懸けでした。落ちて怪我しないかと心配する保育士たちの手前、最初のうちは勇気を振りしぼって何度かは自分が登っていってつかまえて、降ろそうとしましたが、追いかけようとしても、すばやく逃げられて、とても手に負えず、それどころか足はガクガクでおまけに気分も悪くなってくる始末で、ほうほうの体で降りてくるのが関の山でした。その後、いくら注意してもきかないので、本児がいつも登るいくつかのルートを全部金網で塞いでしまいました。しかし、しばらくすると「せんせー、Rくんがまた屋根に登っていますー」と、保育士が知らせに来ます。どこから登ったのだろうと、本児の行動を観察していると自転車置き場の屋根伝いに登るのを見つけたので、そこも登れないよう急いでパネルを打ちつけて塞ぎました。これでもう登れないだろうと安心していると、また屋根の上にいるRくんを見つけてあっけにとられる始末です。その後、まるで知恵比べのような状態がしばらく続きました。そのうちに、この所長、Rくんが屋根に登ると、動悸が激しくなり気分が悪くなってしばらくは何もできないといった状態になり、他の部署に移動願を出して移ってしまいました。Rくんにとって、屋根の上から保育士たちや所長が、おろおろしながら叫んでいるのを眺めているのは、天下をとったような気分であったに違いありません。

●高いところが好きなSくん

次は、高いところが好きなSくんです。ASDの4歳男児です。本児は屋根には登りませんでしたが、藤棚の上に登ったり、窓の桟を伝って歩いたり、園庭にある滑り台の上に登って、長時間下を眺めて過ごすことが大好きです。雲梯《うんてい》の上を後方向に歩いたり、幅5～6センチくらいのフェンスの上を歩いたりするなど、まるでサーカスの綱渡りのような行動をします。高いところで一日の大半を過ごすので、人と関わる機会がますます乏しくなり、子ども同士の関係形成の難しさもありました。

Sくんの行動にはどの保育士もついていくことができずに悩んでいたところ、Sくんが5歳児に進級したときから、男性の保育士が採用されました。さっそくSくんの担当となり、この保育士はSくんの後についてともに過ごす時間をできるだけとったのです。ついて行けないところはもちろんありましたが、Sくんと行動をともにする中で気がついたことがひとつありました。それは高いところは非常に静かで、周りの騒音や他の介入から自由であることとです。

そして、ある日、この男性保育士が、滑り台の上でSくんと向かい合って座っていたところ、Sくんがしっかりと目を見て、にっこりと笑ったのです。その後もジャングルジムなど高いところではよく目が合い、Sくんが高いところから手を差し出してこの男性保育士を呼ぶ場面も見られるようになりました。それまでの担当保育士はSくんを遠くから眺めるだけで、下の（地上の）世界に呼び戻す声かけしかできなかったのです。Sくんの「世界」に入って行ったこの男性保育士は、高いところにはSくん独自の世界があることを理解したのです。Sくんにとっても自分を理解してくれる唯一の人だったに違いありません。

その後、Ｓくんの対人関係に大きな変化が見られ始めました。この男性保育士との信頼関係を中心に他の保育士や子どもたちとの関係も徐々に形成されていったのです。Ｓくんによって、子どもと同じ目線で関わることの重要性を改めて知らされました。

●踏み切りが大好きなTちゃん

電車が近づいてくると、赤いランプが点滅し鐘の音が「カン、カン、カン、カン、カン」と徐々に大きくなっていきます。駅のすぐそばの踏み切りです。しばらくして片方の遮断機が下り、続いてもう一方も下りる。そして、次に空白の一瞬があり、やがて鐘の音がさらに大きくなると、電車が轟音とともに目の前を通り過ぎる。「ゴー、ガタンガタン、キーキキッ、シュー、コトンコトン」と駅に止まると、やがて警報は止まり、今度は一斉に遮断機が開き、待ち構えていた人たちがどっと線路内になだれ込み、反対方向に過ぎ去って行く。再び赤いランプが点滅を始めると同時にけたたましく警報が鳴り、線路内の人々は足を速める。そして、まったく同じパターンが繰り返される。しかし、やってくる電車も踏み切りを待っている人も毎回違っている。毎回異なるメンバーだが、パターン枠は同じ、しかも確実に同じ順序で繰り返される。ＡＳＤ児にとって、この繰り返しは飽きないのでしょう。

Ｔちゃんは保育所に入ってしばらくした頃、保育所から飛び出して近くの踏み切りで何度か発見されたことがありました。ひとりで行くと危ないので、ときどき担当保育士がＴちゃんを連れて踏み切りを見に行くことにしました。どうして踏み切りが興味の対象になるのかよく分からなかったのですが、筆者もTちゃんの散歩に同行して、じっくりとTちゃんの視点で見てみると、「なるほど」と分かったような気がしました。

つまり、1回ごとの遮断機の開閉に一連のドラマがあったのです。1回ごとに登場する人物や電車は毎回異なりますが、繰り返される枠は同じなのです。Tちゃんはこの繰り返される枠を楽しんでいたのでしょうか。枠の中で毎回繰り広げられるドラマを楽しんでいたのかは定かではありません。しかし、電車が近づいてくると毎回起こる一連の出来事はASD児にとって、ひとつの枠の中で起こり確実なものとして枠そのものを楽しんでいたのでしょうか。あるいは車輪の回転への興味だったかもしれません。

その後、Tちゃんが卒園するまで週2〜3回は、担当の保育士とともに2キロメートルあまり離れたこの踏み切りの観察に通いました。道すがら、田んぼのあぜ道の傍らに咲いている草花を摘んだりしながら歩くのも楽しみのひとつだったようです。あぜ道を抜けると住宅街がしばらく続きます。家々の前には犬がつながれており、おとなしい犬と仲良しになり、たびたび訪れるTちゃんにシッポを振って大歓迎してくれます。また、いつも玄関先で会うおばさんは、「こんにちは、今日はごきげんね」と声をかけてくれます。このような地域の人たちは、「ときどきコースを変更」したり、「いつもいるはずの犬」がいなかったりすると、パニックになったりする本児の状態を理解してくれているのです。いくら大声で泣き叫んでいても、「今日はごきげんななめだね」とさらりと笑顔で受け止めてくれます。たまにはこのような人たちからお菓子をいただき、機嫌がなおるといったこともあります。長屋の住宅街をさらに進むと、駅前の商店街にさしかかります。アーケードを抜けるとそこに踏み切りがあるのです。アーケードには華やかな店舗のウインドウが並び、果物屋さん、花屋さん、お菓子屋さん……Tちゃんの大好きな店先で時間をつぶすのも楽しみで、よく訪れるこの小さなお客さんをお店の人たちは温かく迎えてくれるのです。

障害児保育の副産物として、このような形で保育所と地域の交流ができるのも大きな意義があるように思われます。障害児保育を開始した当初は保育方法が分からず、しかも子どもは保育所から絶えず脱走しようと試み、ちょっとした隙にいなくなり園外を探しまわるといったさまざまな経過から、本児の最も興味を惹くものから関係の糸口を探る中で見い出した一対一の散歩でした。本来の保育とはまったく異なるいわば不適切な保育と言えるでしょう。集団保育を経験させるために保育所に入れているのに、個別に園から連れ出して、指導をする意味が問われるかもしれません。しかし、集団に入ることが負担になる時期や時間帯の有効な指導形態として、園外指導は担当保育士との関係を非常に緊密なものに保つ好機になったのではないかと思います。

第4章　ＡＳＤ児の愛着行動

1　愛着理論の研究とＡＳＤ児

愛着研究の発展

近年、発達初期における母子関係の研究では、乳幼児精神医学の領域において極めてすばらしい成果が報告されるようになりました。その中でも母子愛着関係の関連領域の研究として、ウィニコット、スターン、マーラー、そしてフォナギーらの成果は非常に興味深いものがあります。このような研究の成果によって、母子関係における愛着行動の研究は著しい発展があったと考えられます。幼児期における愛着行動の形成については、Ｊ・ボウルビィの研究（J. Bowlby 1969）によると、

（1）愛着の絆は、生後１か月～４歳の間に形成され、それ以降になると難しい

（2）愛着行動としては、後追い、しがみつき、分離不安などがある

（3）愛着の形成については、子どもの訴えに敏感に反応してくれる人に愛着を形成し易く、能動的な相互交流の量がその形成に関与している

と報告しています。

愛着研究は、２０１０年前後をピークに乳幼児精神医学の分野でメンタライゼーションなどの理論展開が見られます。ＡＳＤ児においても、対人関係を形成し社会的な行動を身につけていくために、愛着行動あるいは、養育者との間に「絆」の形成は非常に重要です。

ＡＳＤ児の愛着行動に関する研究

初期の研究

ＡＳＤ児の愛着行動に関する研究には、その初期のものとして、１９８０年代のＭ・シグマンやＴ・シャピローによるものがあります。ちなみに、１９８４年にインターネットでの検索（MEDLINE）で出てきたのがＭ・シグマンらの「Attachment behaviors in autistic children（自閉症児における愛着行動）」の１件だけでした。筆者の知る限りでは、「ＡＳＤ児の愛着行動」を取り上げた研究としては、この１９８４年のものが最初でしょう。

この研究では、ＡＳＤ児にも知的障害児と同様に、母親との分離―再会場面で愛着行動の出現と増進が認められたことが報告されています。また、養育者との分離と再会に際して、ＡＳＤ児の社会的反応は、自閉症傾向のない知的障害児が同様の状況において示す社会的な応答と、差異はありませんでした。そして、ほとんどのＡＳＤ児が、その養育者に対しては、見知らぬ人よりも社会的な行動を多く示し、分離後には養育者への選択的行動が増加しています。また、ＡＳＤ児の社会的な応答性の個人差は、彼らの象徴機能のレベルと関連性がないことを報告しています。その後、Ｔ・シャピローら（１９８７）が愛着行動についてＡＳＤ児とその他の障害児との比較研究を行っていますが、その結果からは両者の差は見られていません。そして、ＡＳＤ児と障害のない幼児の示す愛着行動の差はなく、さらに愛着行動の質についても、障害の種類や発達水準と無相関であると述べています。

●研究の発展

それ以降、90年代ではＳ・Ｔ・ロジャース、Ｓ・オゾノフ、Ｃ・マスリン－コールによる１９９１年の「A comparative study of attachment behavior in young children with autism or other psychiatric disorders.（自閉および精神疾患のある幼児における愛着行動の比較研究）」、１９９３年の「Developmental aspects of attachment behavior in young children with pervasive developmental disorders.（広汎性発達障害の幼児における愛着行動の発生的側面）」、１９９７年のＴ・Ｒ・インセルによる「A neurobiological basis of social attachment.（社会的愛着の神経生物学的な基盤）」などがあります。これは、ＡＳＤ児の社会的関係形成に関して神経生物学的なアプローチを行った研究です。脳下垂体後葉ホルモンが複雑な社会的行動に影響しており、正常な社会的愛着行動が形成されていないＡＳＤなどに、オキシトシンとバソプレッシンの有効性を報告したものです。

そして、２０００年にはＳ・Ｈ・ヴィレムセン－ヴィンケルスらの「Insecure and Disorganised Attachment in Children with a Pervasive Developmental Disorder: Relationship with Social Interaction and Heart Rate.（広汎性発達障害児の不安定で無秩序な愛着――社会的交流と心拍との関係）」を報告しています。この研究は、オランダのユトレヒト大学のヴィレムセン－ヴィンケルスらが広汎性発達障害（ＰＤＤ）32名、言語発達遅滞児22名、定型発達児28名を対象に、三者の発達年齢を統一して比較を行っています。結果は、ＡＳＤ児にも、障害のない子どもと同様に安定した愛着行動が見られるというものでした。

注目されるＡＳＤ児の愛着行動

筆者が初めてインターネットで１９８４年に「autism and attachment」で検索したときと同条件で、最近再検索を行ったところ、MEDLINEでは64件の論文が出てきました。しかし、純粋に自閉症児の愛着行動に関する研究の主なものは前述の通りです。２０１７年6月に、再度Googleで検索しましたところ、約76万８０００件の関連資料が出ました。そのうち、学術記事が3万９００件でした。内容を見ていくと、障害児関係の施設や研究所、大学の機関、そして育児支援組織や民間のサービスセンターなどの概要や研究内容紹介、療育内容などを全部拾ってきたようです。それにしてもおびただしい数の研究者や関係者がＡＳＤ児の指導や親御さんへの支援に愛着行動が重要な意味を持つこととして注目していることが、このことからも明らかです。

2　愛着の質的研究

ＡＳＤ児の愛着行動についての調査

●ＡＳＤ児の行動についての因子分析的研究

筆者は、基本的生活習慣や集団生活でのルールやマナーなど、社会性の向上および身辺自立の指導を行っていく場合、その基本には情緒的交流が可能な状態が両者に成立していることが欠かすことのできない条件であると、現場での指導経験から長い間思っていました。当たり前のことなのですが、こちらの意図や期待が伝わらなければ幼児の身辺処理の指導が成り立たないからです。

そこで、さまざまな障害を持つ子どもの状態を把握するために、まず「身辺処理能力評価尺度」（廣利、１９７５）と「対人関係行動尺度」（廣利他、１９８５）との作成を行いました。そして被験者数は若干少なかったのですが、自閉症傾向のある保育所利用の障害幼児（現：ＡＳＤ児64名）を対象に因子分析的研究を行い、その結果、８つの因子が抽出されました。

ここで、愛着行動因子を構成する項目に「甘え行動」と同時に「注意引き行動」が見られたことは非常に意外なことでした。というのは、当時は一般的に「注意引き行動」は保育者を煩わせる反社会的行動と理解されていたからです。発達初期を対象とする本研究ではむしろ、社会的行動と関連性の高い愛着行動との関連性が得られたことによって、両者の根底にある共通の機能を見出すことが必要となったのです。つまり、養育者特に愛着対象に対して、幼児が示す「注意引き行動」は、うまくいけばより強く注意を自己に向けさせる有効な方法であり、また情緒的な絆を確実なものにするひとつの方法と考えられます。しかし、人を困らせるなどその手段そのものが望ましくない場合、養育者を混乱させ、拒否的態度をとらせたり、突き放されたりすることもあるでしょう。その結果、愛着要求が満たされるどころか、逆にさらにストレスが高まることもしばしばあります。

それにしても、このようなリスクを伴ういたずらをするのはなぜだろうといった疑問に突き当たりました。学習理論では、自己に帰ってくる報酬との関係で、望ましい行動がより多く選択され、望ましくない行動が消失していくのです。敢えて相手の好まない「注意引き行動」を執拗に選択してしまうのは、こだわりや愛着対象への参照機能の低さなどの情緒的な交流の乏しさ、逆に、社会的参照のできる愛着対象が形成されていないためで、その結果、養育者を苛立たせる行動を繰り返して、ストレスフルな関係を成立させてしまうのでしょう。それでも、自己に注意を向けてくれたことから得られる充実感はあるのでしょう。ここで、重要なことは、ＡＳＤ児のそのような特徴を十分理解し、情緒的関係性の形成に向けた情緒的交流を基本とし、根気よく付き合っていけば、定型発達の子どもたちの愛着形成と同様の発達過程をたどることができるということです。

●ＡＳＤ児の愛着行動の評価と分析

さらに筆者は、１９９０年に、ボウルビィが挙げている愛着行動（吸う、しがみつく、後を追う、泣く、微笑む）を参考に、ＡＳＤ児が保育所の日常生活の中で保育士や他児に示す対人行動と愛着行動について、その項目リストの評価尺度の構成と行動観察による評価得点の分析を行いました（**表１**）。

まず、保育所生活の中で見られる子どもたちの行動の中から愛着行動と見なされるものを、愛着行動の向かう対象と方向によって４つに分類しました。たとえば、愛着行動としてカテゴライズされた行動は、ＡＳＤ児から保育士に対して（Ａ→Ｎ）は、「もたれる」「甘える」「膝の上に登る」「背中におぶさってくる」「髪の毛を触ったり匂う」「足の上に乗って歩く」「抱っこを要求する」、ＡＳＤ児から他児に対して（Ａ→Ｏ）見られるものとしては、「微笑みかける」「甘える」「膝の上に登る」「もたれる」「背中におぶさってくる」「髪の毛を触ったり匂う」「足の上に乗って歩く」といったものです。これらの行動は因子分析によって同一次元上の行動であることが確かめられています（廣利他、１９９０）。

なお、この研究では愛着行動の測定方法について若干の難点があります。つまり、安定愛着を基本とし一瞬出現した行動も、切れ目なく10分間持続した行動も、カウントは１として処理されています。たとえば、一瞬保育士に抱きつく行動も、膝の上で絵本を読んでもらっている行動も、それぞれひとつのまとまりのある行動単位として扱っているのです。

さらに愛着行動の質まで考慮に入れて考えると、たとえば、子どもが保育士の背中にもたれる行動をとってみると、行動は同じでも、非常に強い甘えを抱いている場合と、何気なく心地よさを感じて行っている場合との愛着行動の質を量的に表すことは困難です。このような一定時間継続する行動の質量は、受け取り方やそのときの状況によってもその重みは異なるものであり、測定不能なものです。

表1　保育場面において見られるＡＳＤ児の愛着行動（廣利他、1990）

保育士→ASD（N－A）	ASD→保育士（A－N）	ASD→他児（A－O）	他児→ASD（O－A）	愛着行動（AT）
着脱・排泄・おんぶする・移動等 日常食事・生活介助 遊ぶ 微笑む 話しかける	〈関係形成〉 手を引っ張る 関わりを求める 玩具等の取り合い 〈拒否的行動〉 拒否・咬む・頭突き 怒る・叩く 髪を引っ張る 〈愛着行動〉 髪を触る・匂う 甘える・膝にのる 微笑みかける・もたれる 抱っこを要求 背中にもたれる 〈模倣・協調・同一化〉 服を掴む・真似る	〈関係形成〉 手を引っ張る 関わりを求める 玩具等の取り合い 〈拒否的行動〉 拒否・咬む・頭突き 怒る・叩く 髪を引っ張る 〈愛着行動〉 髪を触る・匂う 甘える・膝にのる 微笑みかける・もたれる 抱っこを要求 背中にもたれる 〈模倣・協調・同一化〉 服を掴む・真似る 反抗する・髪を触る 玩具をとる・つねる 微笑 もたれる・怒る 甘える・背中にのる 拒否・振り払う・咬む 真似て遊ぶ 膝にのる	〈拒否的行動〉 拒否・叩く・つねる 蹴る・いじめる 無視・咬む 意地悪を言う 〈関係形成行動〉 おんぶ 連れてくる・聞く 席に座らせる 手を引く・抱っこ ふざけ合う 遊ぶ・見つめる 話しかける・喧嘩 呼ぶ・見つめる 〈援助行動〉 そばに付く・教える そばにいる 生活動作の援助	微笑む おんぶ 呼ぶ 後追い 抱っこ もたれる 背中にもたれる 甘える 要求する 注意を引く 泣く

（A：ASD児　N：nursery保育士　O：other children他児　AT：attachment愛着行動）

そこで、持続時間にかかわらずひとかたまりの単一行動と見なして、出現頻度をカウントすることにしました。つまり、同じ負荷をもたせて回数のみの測定を行ったのです。

調査は、保育所の自然な日常生活の中で、保育者と幼児の間で見られる行動の観察から、タイムサンプリングによって、一定の場所（保育室）で一定の時間内で行いました。具体的には、発達年齢を1歳4か月～1歳10か月に統一し、毎週1時間3か月間にわたるビデオ観察から、自閉症児はクラスの子どもたちや保育士との対人交流行動の出現頻度を調べました。一方、対照群としての1歳児9名については、1時間の観察で、対人行動の同一項目について、その頻度を調べました。対人交渉量の測定は、1フレーズの行動を1回とし、一定時間内に見られた頻度をカウントする方法によって、1歳児と発達年齢の同一レベルの自閉症児を比較しました。

まず、保育士に対する対人行動（A→N）として挙げられるのは、保育士に直接示す、膝の上にのったり、背中にのったり、髪の毛を触るといった甘え行動です。そして、後追いをしたり、保育士の服の一部を絶えず摑んだりといった分離不安を伴った強い関わり要求、そして、手を引っ張る、肩を叩く、関わりを求めるといった積極的な関わりなど、さまざまな形態が見られます。

次に、自閉症児がクラスの子どもたちに示すもの（A→O）としては、微笑みかける、甘える、膝の上に登る、もたれる、背中におぶさってくる、依存関係を求める、注意引き行動、手を引っ張る、服を摑む、関わりを求める、目を見て逃げる、髪を触る、匂うといった保育士に対する行動と同形態のものが見られます。そして、このような行動が見られるとき、自閉症児に関わっているクラスの子どもたちは、日常生活のさまざまな場面を通して、いつも目に触れている保育士の態度を取り入れ、

表２　対人交渉量の平均値による差の検定

交渉方向	Ｋ児	Ｙ児	１歳児	Ｋ－１歳児	Ｙ－１歳児
N→A	23.3	12.6	19.4	n.s	＊＊
A→N	9.3	9.4	13	n.s	＊
A→O	1	5.6	6.2	＊＊＊	n.s
O→A	14.3	12.7	0.3	n.s	＊＊＊
愛着行動	5.3	6	2	n.s	＊＊＊

(*p<0.05、**p<0.02、***p<0.015)

表３　対人交渉量の変化（χ^2の値と有意水準）

交渉方向	Ｋ児（df=5）	Ｙ児（df=8）	１歳児（df=8）
N→A	54.6 ＊＊＊	21.8 ＊＊	6.9 n.s
A→N	64.1 ＊＊＊	12.7n.s	27.7 ＊＊＊
A→O	84.0 ＊＊＊	33.4 ＊＊＊	25.7 ＊＊＊
O→A	164.9 ＊＊＊	26.0 ＊＊＊	35.7 ＊＊＊
愛着行動	142.7 ＊＊＊	23.8 ＊＊＊	115.9 ＊＊＊

(**p<0.1、***p<0.005)

自分があたかもその保育者になったような気分になって、障害児を受け入れ、関わり動作や口調、顔の表情まで同一化する姿が見られます。

次に、保育者（Ｎ）、他児（Ｏ）、自閉症児（Ａ）の三者間に見られる対人行動についてタイムサンプリングによる観察データから、愛着行動の出現頻度について、発達年齢が同レベルの１歳児と比較したところ、**表２**からＫ・Ｙ児ともに１歳児を上回る出現頻度が認められ、Ｙ児では有意な値を示しました（廣利他、１９９０）。そして、保育者による日常的な生活指導や遊びの中で、随伴的ミラーリングや受容的態度、そして、近接距離による関わりによって愛着行動が出現し、増加していきました。このような経過について**表３**から説明していくと、３か月間に６〜９回の観察を行い、その変化について有意性を調べたところ、ＡＳＤ児は他児とは双方向に、そして１歳児と同様に愛着行動の有意な変化が見られました。

それまで、ＡＳＤの障害は、人との情緒的交流を閉ざしてひとりだけの世界に閉じこもり、空笑や独り言をいいながら、同じ行動を飽きることなく繰り返しているという見方が一般的でした。しかし、実際には、保育所の現場では、ＡＳＤ児がマンツーマンの保育の中で徐々に愛着行動が芽生え、やがて情緒的な交流や言葉、そして、集団参加も徐々にできるようになっていく事例をいくつも経験していました。ただ、このようなデータで、ＡＳＤ児に愛着行動が見られ、発達年齢に対応した幼児と同等あるいはそれ以上の出現率が明らかになったことは、非常に驚きでした（J.Bowlby, 1969）。

さらに筆者は、愛着行動に関する１９９１年の縦断的研究で、ＡＳＤ児が保育所の集団生活や保育を経験してゆくことによる発達的変化を捉えるために、さまざまな領域における縦断的データについて、２回の評価データの分析を行いました。社会性や愛着行動、固執性、注意引き行動などの諸因子間の関連性と発達的な変化などを見るために因子分析法のＱテクニックを用いました（芝、１９７９）。これは、時間の異なるデータを同時に分析することで、時間のズレによって生じた変化が明らかになる方法です。

この研究について簡単に概要を説明しておきましょう。ＡＳＤ児群、知的障害児群、そして障害のない幼児群について、発達年齢を一定にして、３群間の縦横断的比較については先に述べた通りですが、次に同データから社会的行動、愛着行動、注意引き行動、固執性、孤立性といった領域について因子分析法によって、項目の散布図を描き、下位項目に表されるような諸特徴や行動間の関連性を調べたところ、各群を総括したデータ（広汎性発達障害幼児群）から愛着行動の形成とその強化が社会性および精神発達の向上に関与することを示唆する結果が得られました。

少し詳しく述べますと、愛着行動（ＡＴ）、注意引き行動（ＧＥ）、社会性（ＳＯ）などの項目について因子分析法によって、項目の散布図を描き、これらの項目が示す因子空間上の布置を調べたところ、それらの諸特徴や行動間の関連性が明らかになりました。ＡＳＤ児の愛着行動の形成とその増加が社会性の発達と関連性を持つことが推察される結果が得られたのです。つまり、初年度の愛着行動（ＡＴ１）と社会性（ＳＯ１）が１年半の保育所での保育経験を経て、それぞれ**図１**のような位置に移動したのです。そして、２回目の評価値である社会性（ＳＯ２）と愛着行動（ＡＴ２）がほぼ同一の次元上に接近した布置を示しました。これは、まず、１回目の評価時点では、愛着行動ＡＴ１、社会性ＳＯ１、注意引き行動ＧＥ１が散逸しています。そして２回目の評価では、注意引き行動ＧＥ２と愛着行動ＡＴ２、そして社会性ＳＯ２の

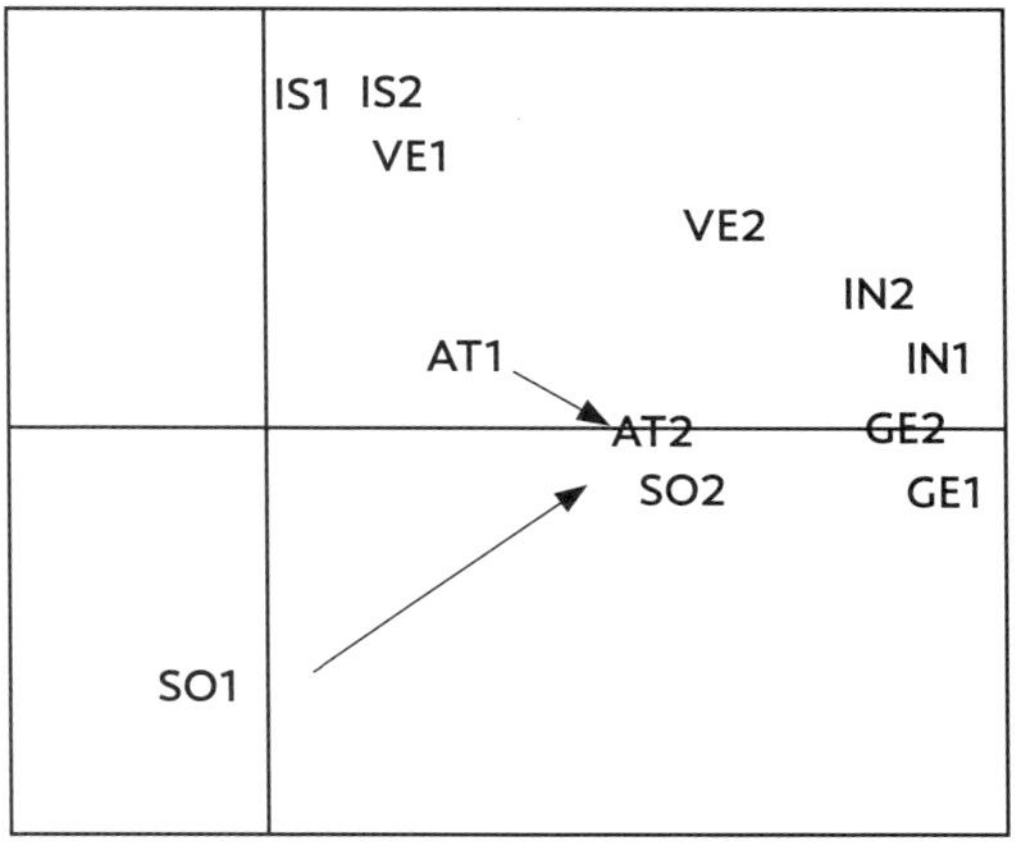

S：孤立性 、IN：固執性 、AT：愛着行動、SO：社会性 、GE：注意引き行動
後ろの数字の１と２は１回目と２回目を表す。VE1：言語１回目 VE2：言語２回目

図１　ＡＳＤ児の愛着行動に関する縦断的研究（廣利、1991）

布置が、負荷量は少し低いが同じ因子軸の付近に散布されています。つまり、社会的行動と愛着行動が、質的に注意引き行動と同じ次元にまとまり、緊密な関連性を示すことを表しています。

以上の2つの研究結果は、前者では、愛着行動の出現頻度に関してＡＳＤ児が1歳児と同等あるいはそれ以上の愛着行動を示すことが分かり、そして１９９１年の研究は、それまでに臨床経験的に見られる対人交流の縦時的増加が対人関係の改善と社会性の向上にも関連性を持つこと、そして愛着行動の出現が社会的な刺激を吸収する準備状態を形成することを行動評価尺度によって捉えることができました。

●ＡＳＤ児の愛着行動と社会性の発達

そもそも筆者がＡＳＤ児の愛着行動と社会性の発達の関連性に興味を持つきっかけになったのが、１９８８年に行った自閉性障害（後の「広汎性発達障害」、現在の「自閉スペクトラム症」に対応）幼児を対象とする発達評価システムに関する因子分析的研究でした。この研究によって「愛着行動因子」が抽出されました。そこには保育士への甘えや身体接触、注意引き行動などが含まれていました。その後の研究では、１９９０年の健常児との比較研究において、ＡＳＤ児の愛着行動が同等あるいはそれ以上に見られることが分かりました。そして、１９９１年の縦断的研究によって、若干方法論的な甘さがありますが、この愛着行動の因子が社会性の因子に接近していくことを捉えることができたのです（**図1**）。つまり、ＡＳＤ児に愛着行動があり、それは人と交流を図る重要な手段として、甘えたり、声を出したり、微笑んだり、注意を引く行動によって人との交渉を形成していく要因となっていると考えられたのです。その結果、さまざまな社会的ルールや対人スキルを獲得し社会的行動の獲得へとつながっていくことが、この２つの因子の継時的研究によって推測されたのです。そして、この結果を基にさらに臨床的に個々の事例を積み重ねていくことで、後にＡＳＤ児の愛着関係と社会的行動の形成との関係が明確になっていきました。

筆者がＡＳＤ児の保育所における指導方針の基本を、まず「愛着形成」に置いたのは、このような経緯から得られた論拠によるものでした。そしてこのことは、多くのＡＳＤ児を対象とする障害児保育の実践を通して、すでに得られた臨床経験に基づくものでした。その後筆者は、愛着行動の形成が社会的行動に結びつくための効果的な方法や環境要因を保育実践やグループセラピーの中で探り、経験的に得られた臨床的知見を科学的に分析して裏づけを得るための研究を重ねてきました。

ＡＳＤ児の社会適応と心の問題

これらの調査分析で、愛着行動や対人交流の量と社会性の関係が完全に実証できたわけではありませんが、集団の中での生活は子ども同士の交流を活性化し、時の経過とともに関わりの量が増し、それは社会性の向上に大きく関連するといった筆者の仮説を支持するものでした。

今や専門家の間では、ＡＳＤ児に愛着行動が見られるのは常識です。そして、それまでにＡＳＤ児を対象に障害児保育を実践してきた保育所では、すでに身をもって体験してきた事実です。しかし、ＡＳＤ児の愛着行動の発達的意義の重大さに気づくまでには、数十年という長い時間を要したのです。

特に日本では、愛着理論が母性神話論と女性の社会進出との狭間で攻撃の的になり、長い間愛着論者は声を潜めていたことも一因だと思います。さらに、愛着行動よりも、もっと実用的に将来社会の中で必要とされる生活や職場環境への適応行動を獲得することの方が重要であり、有効な指導法であると考えられていたからです。そしてこのような考えに基づいた指導は、次に述べるような社会的背景にも整合しているのかもしれません。

つまり、ＡＳＤ児の発見の早期化と指導の開始年齢が早くなったことや幼児期からのインクルーシブ保育によって、状態像の軽度化が進み、知識や技法を習得する機会も増えてきました。いわゆる適応行動のレベルは向上したと言えるでしょう。一方、近年、機械化、仕事の細分化、分業化そして効率向上のための画一化とパターン化などが進み、専門的知識や技能がなくても簡単な訓練によって生産活動に参画できるような仕組みに社会全体が大きく変わってきました。このような社会の変化はＡＳＤ者にとって非常に好都合なものであったと言えるでしょう。遊びは集団遊びからひとりでゲームに耽っていればよくなり、通信も手紙も相手の気持ちや心情に訴えるといった文章を練る必要もなく、簡単なメッセージのやり取りがリアルタイムでできるようになりました。科学は多くの利便性をもたらしましたが、その反面に多くの大切なものを犠牲にしてきました。

このような社会的背景とＡＳＤ児の軽症化と適応が進んだことに裏打ちするかのように出てきた問題があります。かつてのアスペルガー症候群など高機能ＡＳＤの心の問題、あるいは自我形成の未熟・脆弱性がさまざまな社会的問題として表面化してきたのです。

社会的行動の獲得が非常に重要で行動療法が最も効果的であるとして、行動レベルの指導が中心となった80年代、そして、その後、ＤＳＭ－Ⅲにおいて、はっきりと発達障害としての診断基準の記述がなされました。行動療法的教育プログラムも日常生活動作など行動形成やパターン化された作業訓練には非常に効果的なのですが、対人関係におけるスキル以外のさまざまな情緒的関係性の成熟を図るにはその効果は、十分とは言い難いでしょう。思春期を迎える頃に、不登校や引きこもり、集団不適応、そして、いじめなどの社会的関係を保つうえで今まで経験したことのないような問題が見られるようになり、この障害の難しさが改めて浮き彫りになってきたのが90年代です。「心の理論」のＡＳＤへの応用研究もなされるようになってきました。その最も有名な研究がバロン＝コーエンら（１９８５）の行った「サリーとアンの課題」ですが、その後ミッチェルら（２０００）は、ＡＳＤ児に心の理論が欠如していることを指摘しました。

「心の理論」が出てきた90年代において、思春期あるいはそれ以降に成人したＡＳＤ者の社会適応の問題が、学校や職場においてさまざまな形でクローズアップされるようになってきました。それは、本人たちの障害に原因があるというよりは、地域で受け入れられなかったり、からかいやいじめに合っているのを見ても無関心な態度をとる、多動傾向や集中力の問題などの障害に対応できる適切な人的環境がないなど、むしろ教育現場の問題あるいは地域社会の福祉問題などによって二次的に形成された障害が多く見られるようになりました。今後、社会的な支援の内容・教育体制の不備を補っていくための研究と努力がますます必要でしょう。

3　ＡＳＤ児の愛着と対人関係

保育士との愛着形成

筆者が最初にＡＳＤ児の愛着行動に着目したのは、障害児保育が開始されて2年目の１９７６年に保育所でＡＳＤ児と関わるようになり、「対人関係の形成」や「信頼関係の形成」といった言葉で表されていた内容がよく分からず悩んでいた頃でした。その頃、保育現場でよく使われていた表現として「大好きな先生をつくろう」という主客が転倒したような言葉が保育者同士の会話でよく聞かれました。つまり、これは「子どもに好かれるような保育者になる」ことを表しているのですが、どうすれば子どもに好かれるのかはまったく分からず試行錯誤の毎日で、保育士へのスーパービジョンをどのように行えばよいのか分からず悩んでいました。

子どもに好かれようといろいろ手を尽くしても、子どものそばに近づいていくと、スルリと逃げられてしまう。やっと関係がついたかと思い積極的に近づいて行くと、急に避けられたり拒否されたりする。一方、普段ほとんど関わりがないのに、そばに寄って行っても逃げないで、受け入れてくれる子どももいます。関わりを拒否された保育士は非常に傷つき、自己の専門性に不安を持ち、深い自信喪失に至る人もいました。また、子どもの担当としての役割を与えられたのに、保育士としての役割を果たすことができず、自己の無能感や不全感を覚え落ち込んでしまう人もいました。

ＡＳＤ児の保育は、長い目と広い視野で子どもの変化を捉え、その中で起こる一時的な現象に一喜一憂することなく、毅然たる態度と変わることのない愛情を注ぐことができるような心の状態を保育士自身が保持することが大切です。そのためにも、子どもの持つ障害特徴をしっかりと知り、また研究的な態度も必要でしょう。親御さんと違う立場を利用して、子どもに適切な指導をしていくことが保育士の使命です。つまり、親御さんなら感情的になってしまって、子どもの問題に巻き込まれてしまうかもしれない。そして、母親の動揺は子どもの不安や欲求不満につながり、悪循環に陥ってしまうこともしばしばあるからです。

一方、保育士との間に安定した愛着関係が育つためには、保育者側に最低の条件が必要と考えられます。ここで、そのいくつかを取り上げてみたいと思います。

・初期はいつも援助や介助のタイミングを逃さない距離にいる
・頻繁に気持ちを子どもに向けている
・子どもの示すサイン、シグナルをある程度読み取れる
・長時間放置したり、無視したりしない
・子どもへの受容的態度を保つことができている

ボウルビィは、外敵から身を守るための生理的な行動を愛着行動として定義しました。乳児はその後成長に伴って、さまざまな環境要因の中でこのような生理的行動が多様な形態に変化していくことが考えられます。保育所の集団生活場面で見られる愛着行動とは、一言で言うのはいささか乱暴です

が、敢えて「子どもが集団内で危険や恐怖から身を守ったり、不安を和らげたりするための接近行動であり、また自己の内的要求つまり、依存や愛情欲求などを満たしてくれる対象への何らかの関わりによって実現する生理的あるいは学習された行動」と定義しました。このような要求を内包する行動（シグナル）を見逃さずにキャッチし、子どもが必要としている関わりに適切にタイミングよく応えていくことが愛着関係の形成に非常に重要であると考えられます。

身の回りの状況変化の把握が難しいＡＳＤ児にとって、保育所の大集団は非常に大きな心的負担がかかることから、集団適応は困難であるといった考え方もあります。確かに入所当初は子どもにとって非常に大きなストレス状態となり、しかも心の拠り所である母親もいない状況の中で、いつもそばにいてくれる保育士ともまだ信頼関係はできておらず、愛着対象として機能するまでには長い期間を要します。同時に、保育士も子どもとの関係が形成されるまでの間、非常にストレスフルな状況になりますが、具体的な方策があるわけではなく不安な毎日を過ごさなくてはならないわけです。

ここで保育士は、子どもの一瞬の視線や仕草を捉え、子どもの示すさまざまなシグナルに随伴的に反応し、いかなる小さなシグナルにも応えていく態度を毎日の生活の中で保っていかなければなりません。そして、このような態度から生まれる交互的交流を重ねていくことにより、徐々に情緒的な関係が形成されてくるでしょう。改善に要する期間は、保育士と子どもの組み合わせや、相性、保育士の感性などによって異なりますが、とにかく長い期間で振り返ってみなければ認識できないぐらいの変化しか得られないことも多く、むしろ成果を期待しないくらいの気持ちで根気よく関わっていくことが大切でしょう。焦ると、対人関係の形成はかえって難しくなることが多いと思います。

●養育者に発信する乳幼児のシグナル

「愛着関係」つまり「心がつながっている」という表現は、非常に抽象的で証明することは難しいのですが、何気ない子どもの反応や表情を読み取ったり、セラピストが呼ぶと声を聞き分けて、近くに来たり、甘えてくる行動や表情によって、対象児との愛着関係の形成を実感し、確認することができるでしょう。こうしたことは、子どもを長く担当する保育士や母親にははっきりと分かります。「〇〇くん！」と呼んだときに、一瞬表す表情の変化や、いたずらをしているときの養育者に向けられた視線、甘えてくるときの声、このような子どもの示すサインは特定の人以外には意味を持ちませんが、養育者に対しては非常に大きな力を持ち、養育者の心を動かし、一定の行動へと駆り立てます。「あのお母さんは、障害児を抱えて本当によくがんばっておられる」「あの先生は、本当に献身的に子どもの世話をしておられる」といった他者からの評価を耳にすることがありますが、大人が自分の意志だけで一所懸命・献身的に関わっていると思うのは大きな勘違いで、子どもの側から発信するさまざまなシグナルによって、養育者が動かされている部分が大きいことを忘れてはならないでしょう。

つまり、特に乳児の発達初期において、母親は非常に敏感な感覚と集中力と推察力や感受性を持ち、子どもの示す微細な徴候や変化を見逃さずに捉え、その変化をキャッチし、子どもの状態を解読することができると言われています。子どものある動作に対して、いつも母親が一定の反応を示していると、その動作は両者の間で一定の意味を持つでしょう。たとえば、子どもが手を差し出すと、すぐにそばに来て、子どもの表情や声の調子などから要求内容の理解をしてくれる。そして、子どもが対象を指すことによって、それを獲得できる。子どもにとっては自分の欲しい物を獲得できたことによる満足感と、同時に要求された側（母親）にとっても、子どもの要求を的確に読み取り、それに応えることができた満足感により、子どもにとって的確な要求実現者としての存在を強く感じるでしょう。そのような繰り返しによって、両者の接触要求と親和欲求はますます高まりを増していきます。

●有標的ミラーリングと随伴的反応

発達初期における有標的ミラーリングは、養育者が子どもの精神状態に同調し、周りの環境と調和するために重要な態度です。

生まれたばかりの乳児は、自分の内的状態を自覚していません（D・スターン、1989）。乳児が泣いたり怒ったりしたとき、あるいは機嫌よくニコニコ笑っているとき、お母さんが次のように言います。「オムツ、濡れてるのね、気持ち悪いよね～、替えましょうね」「気持ち良くなったね～」など、いつもと違った声の大きさや口調、そして場面に対応した大げさな表現や表情は、いつもとは異なるカテゴリーとして乳児に認知されるでしょう。つまり、母親が『これは母親自身の感情ではない』ということが乳児に伝わるよう、少し大袈裟な感じに（有標的に）語りかけることによって、乳児はそのことを表象化し自由に受け止め、主体的に対処することができるのです。母親がいつもと違うトーンで話しかけることで、乳児は『ママ自身の感情ではなく、ボクに関わることを言っているのだな』と認識するのです。つまり、乳児に対するときは自然に、高いトーンやピッチ、大きな表情の変化や身振りで働きかけ、それが有標的ミラーリング（marked mirroring）となっているのです。そして、このような関わりは、メタ表象として乳児の無様式の認知に一定の様式を与え、乳児の内的状態を意味付けることになるでしょう。

ここで、フォナギーは次のように強調しています。親が非有標的な怒りや感情をそのままぶつけると、子どもは非常に侵入的に感じ、自己否定と悪い自己評価に打ちのめされ、心的外傷を負ってしまうでしょう（J.G.Allen, P.Fonagy, 2006）。さらに、母親のミラーリングは乳児の情緒的反応に対して適度に一致している（随伴性）必要があります。「適度に」とは１００％一致していることではなく、ズレや軽微な不調和があってもいいのです。むしろズレが乳児の主体性と他者への気づきにつながるのです。そして、このような関係は間主観的な体験につながるものであり、この体験は安定した愛着関係に裏打ちされているのです。

ミルクを飲み終わり、空になった哺乳瓶を仰向けで両手に持って遊んでいるうちに瓶が手から滑り落ちて、乳児のおでこに直撃した場面を想定してみましょう。今にも泣きそうな表情になったそのときに、母親は有標的な関わりを行いました。母親は、乳児の受けた痛みと、ショックに共感しつつ、冷静に安定した状態で、少し微笑を含めて「痛かった？　痛かったね～、痛いの痛いの飛んでけ～！」と歌うように言います。すると、乳児は『痛いけど、がまんできる痛さなんだな。ボクは大丈夫なんだな』といった感覚を持つでしょう。

同じ場面で、母親が次のような反応をするとどうでしょう。おどろいた母親は不安な表情をあらわにし、「大丈夫!?」「痛くない？」「ごめんね！」「私が見てなかったから……、ごめんなさいね……」と繰り返します。すると、乳児は母親の不安な感情を体験の裏情報として読み取り、本格的に泣き出すでしょう。

同じ体験でも「痛み」の受け止め方が異なるのです。前者では有標的なミラーリングにより、不安や混乱に捕われることなく、痛みの感覚は安全と安心に裏付けされて表象化し、おでこを打った自己を客観的に知覚するのです。一方、母親が不安な心情をあらわにする場合（非有標的なミラーリング）、子どもの自由な心情は奪われ、相手の不安と混乱に巻き込まれて、相手に呑み込まれてしまうのです。

有標的ミラーリングとして瞬時に随伴的な反応を返すには、直前に子どもの出す反応を予測して心の準備をしておかなければなりません。つまり、母親が乳児の内的状態への感受性と応答性を高め、以上のような交互的関係を継続していくことによって、母子の間主観的関係が生まれ、母親は乳児が次の瞬間に表出する行動や表情を的確に予測し、その行動や表情をさらに発展的に引き出すことができるようになるのです。やがて、表象を共有することができるような関係が生まれると、子ども自身が見ているものを母親も見ていることに気がつくでしょう。その条件として、他者との間に愛着関係が形成されていなければなりません。つまり、愛着関係を基盤に共同注視と情緒の共有が生まれるのです。そして、随伴的な情緒的関わりによって、発声や行動そして表情などの持つ意味について、双方が感じている感覚や観念のズレや重なる部分を調整していくのです。このような調整により愛着対象との共有する領域を増やしていくことが発達の初期段階において重要な課題でしょう。そして、同じことが発達障害児や愛着障害など対人関係の未形成や未成熟な子どもに対しても言えると思います。

ここで、子どもに注意をしたり叱ったりする場面での有標性（markedness）のある感情表出について触れておきたいと思います。つまり養育者自身が表出しているのは、自分自身の真の感情でないということを暗に（メタ情報として）示すことによって、子ども自身が自己の情動を主体的に表出できることが重要です（G.Gergely, J.Watson, 1999）。

叱るときや注意をするなどの場面では、子どもの全体を否定していないことを示しながら注意することで、子ども自身を受け止めつつ、子どもも自身が主体的な行動選択（行動修正）ができるように関わります。逆に、有標性を欠く表出、つまり養育者自身の生の情緒は、子どもを圧倒し、その現実的に否定的な情緒をより強く知覚することによって、子ども自身はコンテインメント（containment）されず、むしろ外傷体験（トラウマ）を受ける可能性が高いのです。

愛着対象への同一化が成立する条件として、まず安定した愛着関係によって形成された「絆によってつながっていたい」という子ども側の主体の確立が必要です。この感覚はエリクソンの基本的信頼感とほぼ一致するものでしょう。この「絆」は実証できないものですが、「名前を呼ぶと振り向き、そばに寄ってくる」「姿が見えなくても呼び声で、母親を探す」などの反応から確認できるものです。

このような対人反応は、赤の他人（stranger）に対しては決して示されず、むしろ回避、拒否、無視といった反応を示すでしょう。つまり、安定した愛着関係を基盤とした随伴的なミラーリングによって、乳児は自己の感覚を調整し、危険なものや安全なもの、美味しいや辛いといった、状況や対象に合った知覚を形成していくのです。

●a-modal（１様式）からmulti-modal（多重様式）への知覚統合

幼児を連れた親子に、見るからに怖そうなブルドッグが接近してくる。最初は、その犬を恐怖と不安を持って見ていましたが、母親が穏やかな声で「ワンワン来たよ」と言うと、子どもはその様子から母親が恐怖も不安も感じていないことを感じ取ります。恐怖心と不安、そして好奇心の入り交じった感情と認知から恐怖心が消え、不安も軽減され、安心感とより強い好奇心が起こり、接近してくる犬を受け止める体勢ができるのです。このとき、母親の声やその様子から、大きく膨らんだ好奇心に駆られ、母親と同じような仕草で犬の背中を撫でてみる。その毛の感触は初めて体験するもので、犬の表情や動きはまだ不可解なものか無様式の知覚であり、毛の感触は気持ちいいのか、よくないのかは分からない。母親は「可愛いね、気持ちいいね！」といった柔らかな調子の言葉かけと同時に、子どもの視線を確認し、そっと触れる動作をしながらゆっくりとした温かい雰囲気を醸し出す。

こうして幼児は、自己の動作や感覚を、不安から安心へ、そして恐怖から安全へ同調的に変更していくのです。つまり、子どもは触覚・聴覚・視覚体験におけるさまざまな感覚を愛着対象から投影された表象によって変更し、安全なものとして統合していくのです。

それぞれの一様式知覚（a-modal perception）を多様な同時感覚体験（multi-modal perception）へと結びつけ、「可愛いね」といった情緒的表現に統合するのです。この視覚、聴覚、触覚など、知覚した刺激をひとつにまとめる役割を担うのが、愛着対象との間に結ばれる絆（bond）です。つまり、声の調子や強さ、リズムなど情動を含む要素は、表情やジェスチャーを伴い多重な刺激となり、同時的に発信するメッセージとして乳児の視覚、聴覚、触覚、運動感覚などの感覚器官を通じて安心感や恐怖感といったさまざまな感情を同時にメタ表象として伝えることができるのです。これら個々の異なる器官から入った刺激は中枢器官で取捨選択され、さらに調整がなされ、調和するものは結合し、ひとつの系統回路へと統合されるのです。

このように、一方向のものではなく双方向でかつ一定の交流が次の交流を促し、さらに複雑な情報や情緒のトランザクショナル（transactional: Sameroff, 1975）な交流を可能にしていくのです。このような基本的な情緒的関係が形成されていくことによって、物理的な手段では確認はできませんが、「呼べば、来る」といった明確な対人反応として心の「絆」が形成されるのです。その絆の強さは、関わりの質や頻度そして組み合わせによって大きく異なるようです。

母と子が胎内で臍の緒によって結ばれ、栄養の供給パイプであったように、母親のお腹から外界に出て、一個体として生活していくときには新たな心の栄養をしっかりと吸収するパイプが必要となってきます。それが「絆」でしょう。この絆によって、自己の周りの状況を把握することができ、安心していられるのです。

●マニュアルのない「絆」づくり

保育所におけるＡＳＤ児の保育においては、担当保育士はこのような母子交流過程と愛着関係成立要件をしっかりと把握し、それに近い条件を自己の側に作り、まず子どもの示すさまざまな信号（signal）を読み取ることに全神経を集中させることから始めなければなりません。寝転がって電車の車輪を眺める常同行動に耽っている子どもがいれば、一緒にその世界に入って子どもが体験していることを共有してみる。電車を「ポッポー」と言いながら走らせてみることによって、子どもの新たな興味を引き出し、さらにそれを意味あるものにしていくことができるのです。

具体的なマニュアルがあるわけではありません。基本的な関係形成ができれば自身の感じていることとを基準に反応していけばよいわけです。R・エムデの母親参照機能（maternal referencing）の実験にもありますように（R・H・エムデ、1988）、怖い、楽しい、不安、興奮といった基本的な気分や感情は、母親のものと乳児が非常に共感的に動くことはよく知られています。このように生活や遊びのさまざまな場面で子どもに情緒とともに言葉や遊び方等を伝えていけばよいのです。

このようにして絆が形成され、さらに強化されるとともに、愛着対象との身体的接触や近接距離での関係は減少し、一定の距離を保った関係に変化してきます。そして、他の子どもや大人との接触が見られ始め、愛着対象以外の他児への関わりが始まるのです。つまり、愛着対象との心的つながりは身体接触や近接距離での関わりをもはや必要としなくなり、ジェスチャーや言葉そして視線などによって分離した愛着対象との関係を保持することができるのです。保育所の0歳児と1歳児の保育士への愛着行動の量を調べた研究（廣利、1995）からは、1歳児後で急激に愛着行動が少なくなってくることが分かりました。その理由は、対人関係の広がりと言葉の獲得によるコミュニケーションの活性化により、愛着関係によって形成された絆を基礎とした社会的行動への転換が生じたからです。つまり、愛着行動とは対人関係を保つための原初的な行動形態と見なすことができるでしょう。

愛着関係と相性

子どもが担当保育士を必要とし、情緒的な関わりを求めてくるようになってきたとき、子どもにとってその保育士は「愛着対象」となったと考えてよいでしょう。

〝相性〟というのは非常に非科学的な概念かもしれません。しかし、理由は説明できませんが、気が合う、リズムが合う、興味や視点が合うといった、もともと双方がそれぞれ持っている素質や感性がピッタリと合う場合と、逆にいくら相手に合わせる努力や学習をしても一向にうまく行かない組み合わせがあることは事実です。そのような場合、無理に担当を続ける必然性がない場合は担当を変わればよいのではないかと思います。むしろ、そのまま続けるとストレスが高まったり、ネガティブな感情が生じたりする場合もあります。精神的負担が身体的疲労感を助長・増幅し、さまざまな疾患にまで進行する場合も少なくありません。次の人事異動までの間、ストレスや病気を持ちながら指導や養育に関わることの、子どもの発達に及ぼす重大なデメリットを考慮すべきでしょう。

このようなデメリットを最小限にするためにも、障害児担当保育者への支援体制がしっかりとできていなければなりません。しかし、現実には担当交替のタイミングは非常に難しいようです。適切な交替要員がすぐに見つかるわけではありません。特に年度途中の交替は難しい場合が多いでしょう。さまざまなケースがあると思われますが、途中で担当を替わることへの保育士自身のメンタル面の配慮も重要でしょう。敗北感や他の職員への気兼ね、保育士としてのアイデンティティーの喪失にもつながりかねない重大なことにまで発展することもあります。

相性が悪いのは本人のせいではないのですから、なんら気にすることはありません。以上のような配慮をしながら子どもと本人のためにも速やかに担当を替わればよいのです。当人の割り切りと子どもの発達や子どもとの関係が今後どのようなものになっていくかなど、総合的な判断が大切でしょう。

この相性については、フォナギー（２００８）の言う有標的ミラーリング（marked mirroring）や随伴的な反応などの概念によって、その一部分が説明できるかもしれません。つまり、相槌のタイミングや視線の向け方、表情の違いや声の出すタイミングとリズム、調和的か不調和か、などによって交互的交流がスムーズにいくかそうでないかが決まってくるでしょう。また、D・スターン（1989）の情動調律も対人関係の重要な次元として、両者の波長がずれたり不調和を起こした関係を続けていくときのストレスや不安、ときには怒りさえも伴った感情は対人関係形成の負の要因となるでしょう。このような対人交渉に働くさまざまな要素がいわゆる「相性」といった二者関係を質的に決定する重要な要因となっていることは十分考えられます。

また、保育所などの施設において愛着対象は唯一（only one）ではなく、複数の対象もあり得ることは、幾つものケースで体験しています。ただ、対象によっては愛着の強さや質の違いもあるようです。保育所の複数担任制の4歳児クラスのあるASD児では、最も好きな先生から3番目までランク付けられていました。担当のY先生が1番で、T先生が2番目、I先生が3番目でした。Y先生がいるときは他の先生のところへは行かないが、Y先生が休みのときはI先生がそばにいてもT先生のところにしか行かない。そして、長時間保育で他クラスの先生とI先生が担当のときは、「やっと、私のところにきてくれました」とうれしそうにI先生は報告していました。このようなエピソードは保育士からよく聞きます。このように愛着関係には強度あるいは優先順位があるようです。

愛着関係からの基地形成

保育所は地域の子どもたちが保育士とともに生活をする場所です。そこでは、場と時間を共有し、毎日の生活の中で繰り返し行う日課があります。その中で幼児期において特に重要な基本的生活習慣の自立を促していくのです。また、遊びを通じて人間関係を広げたり、人格の基礎を形成していくことができる場と言えるでしょう。

このような毎日繰り返し行われる生活場面では、ＡＳＤ児に映る周りのたくさんの子どもたちの姿は、最初はばらばらで脈絡もなく混沌としたものかもしれません。そして個々の違いはありますが、どうしてよいのか分からず、戸惑いながら見ているだけでしょう。

日常生活動作について、その行動が自分の要求とは関係のない目的不明なものであっても、その行動を獲得していくのには、何らかの「動機」がなければ取り入れないでしょう。障害の有無にかかわらず、幼児がある場面に対応したマナーやルールに沿った行動をし、それを身につけていくには、その行動が子どもにとって一定の価値を持つことが必要です。すなわち、子どもにとって重要な愛着対象が行う行動への同一化や模倣が働き、さらに愛着対象から褒められたり促されたりすることによって意味のある行動へと認知が変化するのです。愛着関係が行動形成に重要な動機と方向性を与えているのです。習慣的行動も最初は何らかの動機がなければ自らは行わないでしょう。

たとえば排泄についてはどうでしょうか、定期的に保育者の促しでクラスの子どもたちは一斉にトイレに行きますが、新入児にとって最初は何が起こったのか分からないでしょう。保育士に手を引かれてトイレに連れて行かれますが、どこに連れて行かれるのか分からず不安な状況下で、「おしっこ、ある?」と問われても、子どもにとっては何のことだか分からず、いきなり見たこともない便器に座らされてオシッコどころではないでしょう。

初めての場所や器具類（便器、水道、ドアなど）についてもその使い方が分からず、その器具が何のためのものかも分からない。このような状況でいつもそばで、必要に応じた援助をしてくれる人がいて、その人の教示や行動を参照することが自分の要求に結びついていることが分かってくると、その人の存在は重要な意味を持ってくるでしょう。

このようなことを何度か繰り返していくうちに（心理的要因が加わらなければ、数回でほとんどの子どもは分かります）、便所や便器にも慣れて、トイレでおしっこをすることを体験します。

保育士と子ども、双方の出会いは、ほとんどの場合4月の入園式からです。子どもにとって慣れない場所や人に対する大きな不安を抱きながらの毎日が始まるのですが、担当の保育士も最初は「見知らぬ人（stranger）」です。相手がどのような口調で、どのようなときに怒り、どのようなときに喜び共感してくれるのか、またどのように関わってくるのかはまったく未知でしょう。このような状況において、安定した環境で育ってきた子どもは、緊張しながらもその場から逃げずにいることができ、またこの「見知らぬ人」がそばにいることの息苦しさに耐えることができるでしょう。これは、生まれてから、それまでに形成された基本的信頼感、あるいは生まれながらにして「人の存在や関わりを受け入れる能力」を持ち合わせているからなのでしょう。もし、この部分が何らかの原因で機能していないとすればどうでしょうか。相手の言葉かけや援助の「差し出す手」の持つ意味、手を引いてトイレに連れて行かれる意味やオムツを替えてもらったり、靴を履かせてもらったりしている間、その介助者に対する認識は曖昧模糊としたものか、「見知らぬ人」に対する緊張や恐怖に満ちたものかもしれません。

すでに述べましたが、愛着関係の基本は、「見知らぬ人」から、頻繁に目に触れることにより見慣れた対象（familiar object）になることです。初期段階においては時間をかけてできるだけ目に触れる機会をつくる、声をかける、わずかな時間でも機会を見て関わっていきます。もちろん、相手の状況を見て緊張感や恐怖心を持たせないような配慮をしながらです。強引な接近は必ずしも親和感を増すものではありません。いつも、温かく見守っていると（慣れから）徐々に双方に親しみがわいてくるでしょう。また関わりに対する抵抗が少なくなり、安心感が生まれてくるでしょう。直接声をかけたり微笑みかけたりしなくても、目に触れる位置に居ると、子どもは必ずこちらの様子を見ているのです。他の子どもや自分の母親とどのように関わっているのか、母親にとってどのような人なのかなどつぶさに観察しているのです。アタッチメントとはそもそも接近や接着という意味で、身近に対象を感じ接近や接触を通じて、情緒的により身近な関係になることです。このような関係を形成するためには、まず見慣れて緊張をしなくなり、関わってくることの抵抗を除いていかなければならないでしょう。つまり、日常の生活の中で繰り返し関わることによって、安心感と親和的感情を引き出していくことです。排泄や着脱、食事、移動などあらゆる場面での関わりを通じて子どもにとって、保育士が必要な対象となってくるのです。

その人が必要になると、他の人では得られない心地よい関わりが得られる対象への関係を求める行動が見られ始めます。目に見えない絆の形成です。この関係を基本に、呼名反応や指示への反応、促しによる喚起行動など、生活指導が成立する基本条件が整ってきます。いわゆる子どもへの効果的な

「生活指導」が成立するためには、基本的な対人関係の基盤形成が必修条件です。担当保育士との絆が形成されてくることによって、子どものみならず保育士のほうにも担当児に対する特別な感情が沸き起こってくるでしょう。

このことをほとんど考慮せずに、「喚起（刺激）と反応のモデル」で生活に必要な基本動作の指導法が長い間採られていたようです。これは、望ましい行動に対して報酬を与えるやり方ですが、確かに、人は報酬によって要求が満たされ、また報酬を得るために行動します。その結果、時間的なロスは少なく行動の形成を「効果的に」可能にするでしょう。しかし、人は目的物を得られた喜びや満足感のみならず、認められたり、褒められたり、勇気づけられたり、自信を持ったり、達成した喜びを共有するなど、もっと重要なさまざまな情緒的やり取りの中で、深い感情を伴って連続的かつ総合的に、他の人との関係の中で一つひとつの行動を自分の主体に基づいて表現していくものです。「刺激―反応モデル」に基づいた指導法は、このような人と人との間で生まれる計り知れない情緒の相互交流が、行動のみならず対人関係を形成していくという最も重要な部分を削り落としてきたのではないかと思われます。

Ａ市の障害児保育の保育士配置体制は、重度のＡＳＤ児には、ほとんどが１人の担当者が固定して付いていたので、同一の保育士の関わりになるのですが、たとえば排泄を促す場合、前回の排尿からの時間や水分摂取量やそのときの表情や体調を知っていて、子どもの状況に応じて働きかけがなされます。対象児が遊びに没頭していれば、トイレの時間を少し後にずらすでしょう。また、予告できなくても、表情や身体の動きや姿勢で尿意を感じている子どもには、「オシッコ出るの？」とたずね、引く手の強さを加減しながらトイレの方へ促すでしょう。

ここで、子どもを熟知している保育士は、毎日繰り返される生活習慣の指導をしていくときに、着脱の姿勢や動く方向、食事場面でのマナーや促し方、散歩のときの手を引く強さ、トイレでの介助方法等を自然に配慮するでしょう。そして、安定した愛着関係が形成されると、子どもは保育士の働きかけに協調的に行動するでしょう。

ここでもうひとつ、食事の準備の場面を取り上げてみましょう。

「○○ちゃん、手を洗ってらっしゃい」と、何度言ってもなかなか行かない。保育士がそばに行って「さあ、手を洗いましょう」、このときには周りの子どもたちは、次々と手を洗って次の準備に取りかかっています。保育士は子どもの手を取って、水道の蛇口のところに連れて行き、腕をまくって水道の栓をひねる。子どもによっては、「はい、○○ちゃん、水を出してちょうだい」「あ、上手に出せたね」、あるいは「きゃー、そんなにいっぱい出しちゃ、服が濡れちゃう！」……。

手洗いなど日常生活場面でのこのような介助を通じて、子どもは自己に都合のよい、あるいは自分の要求を実現する救いの手を感じ、やがてその手の主の存在（意思）にも気がつくのです。

毎日の関わりの中で、「介助」が自己の要求実現になくてはならないものとして受け取ることができるようになって初めて、援助を求める行動がその介助者に向けて出されるようになっていきます。また、一方向あるいは一往復しかしなかったやり取りが、何度も行き交う交互的関係へと発展していきます。このように交互的関係が活発に見られるようになると、適切に子どもの要求をキャッチし実現してくれる介助者である人物が、愛着対象として集団生活の中で起こるさまざまなストレスや、不安そして恐怖から身を守ってくれる「基地」としての存在にもなってくるのです。このような「基地」は心の拠り所であり、外界からの攻撃や不安や略奪から身を守ってくれる安全基地であり、疲れや傷ついた心を癒してくれる場所、そして心のエネルギーを補給してくれるところにもなります。

愛着関係を基盤とした保育・養育

保育や教育・養育の中には、今子どもが必要としていなくても、将来社会の中で生きていくうえで必要になる行動はたくさんあります。これらの社会的に必要とされる態度や習慣は、幼児期においては、さまざまな人との関係の中で形成されたものや、さまざまな文化的刺激の中で新たに形成されたものもあるでしょう。そして、基本的要求は社会的ルールや対人的マナーなどによって修正あるいはアレンジされて、初めて社会的に受け入れられる行動として形成されていくのです。このようにして基本的生活動作や習慣を身につけていくのと並行して、また自我（自己）の発達により自他の区別と自我境界の形成が進み、自我の成熟あるいは確立が得られることが、社会の中で他人の存在を考慮に入れた行動が意識的、あるいは無意識的な態度の形成につながっていくのでしょう。

たとえば排泄行動や食事のマナーなどについて考えてみると、現代文明社会の中で社会的なルールを無視したとき、これらの行動は周りのものや自分自身にも多大なトラブルを巻き起こすでしょうし、人間関係に大きな変化を及ぼすほどの問題を含む場合もあるでしょう。食事や排泄などで、発達初期における場所をわきまえない行動は厳しく注意や指導をされます。また、本人の要求と激しくぶつかる場合もあるでしょう。このようなとき、何に準拠して子どもは自己の行動をコントロールしていくのでしょうか。それは普段の生活の中で、子どもが必要としている事柄、関わりや、食物、危険からの保護などに的確に応え、自己の要求を充たしてくれる重要な愛着対象として認知している人物の普段からの行動や様子、示唆、促し、注意、賞賛などの行為が規範となるのです。

自己の要求と相反するルールで行動を規制されたとき、無知や未熟さから、それに対抗し自己の要求を直接充足するような行動をとる場合もあるでしょう、そのようなときにそれを制止し、抑制、先送り、放棄、諦めなどによりルールに則った行動に導いていくことができるのは、このような基本的関係がしっかりと形成された人物との関係の中でしかできないでしょう。つまり、子どもの要求を十分に満たすことができる者が、その子どもの要求を阻止したり遅延化したり、諦めさせることが可能となるのです。子どもの欲求を受容するものが、子どもの要求を阻止したり抑制したりできるということは一見矛盾した事柄ですが、その逆を考えれば少し納得できることではないでしょうか。つまり、子ども固有の要求を受け止めることができない養育者は、その子の要求をコントロールすることは困難でしょう。この場合、無理に阻止すればパニックになり関係をさらに悪化させるでしょう。

子どもが、このような同一人物の相反する側面をどのように認知し、両者の矛盾を統合していくのかについては非常に神秘的なことだと思います。しかし、ほとんどの子どもは自然にこの難題を克服していきます。この、同一人物が自己の要求を「実現する者」と同時に「阻止する者」になり得る矛盾をどのように統合していくのかについては、自我の発達において非常に重要な問題でしょう。幼児期から児童期、少年期、思春期に至る長い発達過程において、子どもはすべて同じようにではなく個々さまざまな過程と時間をかけて、自己の要求実現とそれを阻止するルールの相克を乗り越え、さらに適切な要求実現の手段を学習していくのです。障害のある子どもも同じです。また、このような社会化の過程において愛着行動の持つ意味は非常に重要であることは言うまでもありません。

特に発達障害のある幼児にとって発達初期における社会的ルールやマナーは、状況に応じて柔軟な対応が必要とされ、その意味は理解し難く、自己の要求を阻害するものとして映る場合も多々あるでしょう。たとえば、その幼児がお腹がすいているときや、欲しいもの、触りたいものが目の前にあるとき、決まりやマナーを理由に彼に手を出すことを禁止したり抑制することができる者は、愛着関係が形成できている対象以外にはないでしょう。それ以外の他人が強引な介入をすれば、それは恐怖の対象となり、子どもに心的外傷（トラウマ）を残すでしょう。愛着関係があるゆえに虐待や謀略行為ではなく養育行為になるのです。養育者の子どもの将来を思い、子どもへの深い愛情に裏打ちされた子どもの育ちを願う気持ちから出た行為ゆえに、子どもにとって自己の要求阻止とはならずに、欲求実現の先送りとなるのです。そして、やがて知的な発達が伴ってくると、自己の要求実現にはさまざまな手続きが必要であることが分かり、その時点から初めてしつけや保育、教育が始まるのです。

第5章　ＡＳＤ児の自我形成

1　自我形成と愛着

発達障害者支援法の施行とその後「特別支援教育」が学校教育法に位置づけられ、保育や教育現場でも、指導内容の検討や支援体制について飛躍的な発展が見られました。現場でも指導内容について、公のテーブルで話題にされることが多くなってきましたが、これまでもＡＳＤ児の「自我発達」の問題について多くは論じられてきませんでした。コミュニケーションの問題や社会適応、対人関係スキルとして取り上げられる問題の中に集約されているのかもしれませんが、真正面から取り上げている研究は、まだ少ないようです（滝吉、２０１４）。本書では、特にＡＳＤ児の自我の育ちについて、臨床経験から得られた知見について述べてみたいと思います。

乳幼児の自我発達過程

まず、幼児の自我発達過程を確認してみたいと思います。養育者との愛着関係の形成から始まって、基本的安心感の形成と分離不安、対象の独占といった母子共生的関係を経て、基地形成から対象関係の成立、そして分離・独立というプロセスをたどり、自立に向かっていきます（M・S・マーラー他、2001）。ここで、安定した母子分離は安定愛着の基盤があって成し遂げられるわけですが、分離して初めて他者の要求と自己の要求がぶつかり、そのときに他者の存在に気づき、自己抑制を迫られるわけです。また、自己の要求が通らない、強い興味があるが近寄れないなど、さまざまな状況においてその不安を受け止めてくれる存在が必要になります。そのときに生じるストレスや不安を抱えてくれる（holding）人が愛着対象なのです。

このような対象がそばにいてくれることによって、子どもは周りの環境に自由に関わったり、トラブルを回避したりする方法を見出すチャンスを得ることになります。このような対人的力動（ダイナミクス）が生じる場においては、さまざまな情緒が生まれます。そこで生じる不安や恐れ、怒りや、妬み、喪失、自尊感情の傷つきなど、それらを自分で処理していかなければなりません。言い替えると回避したり他に依存したり、パニックになったりすることで解決できる体験ではなく、たとえ他児の方法を模倣したとしても、その方略を選んで取り入れた自己の行為には自己責任が伴っており、選択による失敗の責任を自己が負うといった一連の態度が自我の形成の重要な要素となるでしょう。

通常、生後9か月から14か月の時期には、運動能力や認知能力の発達に伴い、外界に興味を持ち始めた乳児が未知の世界への憧れと不安の入り混じった気持ちを抱きながら、少しずつ周りの世界へ探索に出かけていきます。そして、怖くなったら母親の膝元に戻り、しばらくそこにいることで心の安定が得られると再び出かけていくのです。マーラーはこのような行動をとる時期を練習期と呼び、さらにそれに続く時期を再接近期と名づけました。16か月から24か月頃に幼児が二足歩行による移動能力を獲得すると行動範囲は飛躍的に大きくなっていきます。ヨチヨチ歩きを始めた幼児は、母親のそばから少し離れて回りの興味あるものに接近し触れてみようとします。最初は何を見ても珍しく、犬のしっぽなどにも興味を持ち、引っ張って噛みつかれそうになる場面などが見られるのがこの時期でしょう。

このような探索行動によって、幼児は新たに出会うさまざまな外的世界を、驚きや、恐怖や楽しみ、快感、苦痛などさまざまな感覚で脚色しながら、自己の体験の中に蓄積していくわけですが、人見知りが始まる頃から見知らぬもの、記憶のカテゴリーにない新奇対象（strange objects）は幼児にとって本能的に不安や恐怖を引き起こします。移動範囲が広がっていくにしたがって、何ものも恐れずに果敢に周りのものに関わっていくことは危険が伴うからです。そこで絶えず見慣れないものに対しては警戒し、どの程度までが安全圏なのかを確かめるのです。

ここで、不安や恐怖に満ちた外界に向かって探検をするときに必須となるものがすでに述べたような愛着対象としての安全基地、つまり養育者の安全な膝元なのですが、ここを離れて出かけていくときに、何度もそこに戻り母親の顔を参照しながら外界の安全を確かめつつ、徐々に順応していくのです。そして、それは一挙に離れるのではなく何度も行きつ戻りつ、親の声の調子や表情や態度を参照することによって自己の安全を確かめて、一歩一歩行動範囲を広げていくのです。

このような過程の中で非常に重要な自我形成の基本が形成されていくのです。まず自己の独立性の認知です。子ども自身は自己が母親とは異なった存在であることを分離の過程において認知するようになっていきます。愛着対象である養育者が示すさまざまな仕草や表情、そしてさまざまな行動が意味を持つようになり、シグナルとして発信していることが分かってくるのです。たとえば、目と口を大きく開ける呼びかけが〝危険〟を示すことや、強い口調が〝怒り〟を表し、目を細めてゆっくりとしたやさしい口調は〝喜び〟や、好意的な関わりを意味することを認識するようになるでしょう。

また、分離や接近の体験からは、対人的距離の意味とそれをコントロールできる自己の自由性を知るでしょう。この対人距離を自由にコントロールできる体験は注意引き行動にも発展するのですが、今までは守られていた身の安全は回避したり安全基地に逃げ込んだりして自分で守らねばならず、最後の手段として「退行」といった乳児と同様のサインを出して救いの手を待つといった愛着行動の原始形をとるケースもあります。自由を獲得した代償に不安と恐怖に脅かされることになるのですが、それを解消あるいは克服するために安全基地が必要となり、さまざまな愛着行動によって安全の確保をしていくのです。

ウィニコットが述べているように、養育者が育児に専念できるような養育環境のもとで母親はわが子に没頭することができ、そのような関わりの中に至福の喜びを感じることができるのです。そして、子どもが養育者に深く受け止められているといった感覚は、しっかりと波長が合った日常的な情緒的交流の蓄積の結果から得られるのです。このような関係において双方の自然な愛着関係が生まれてくるのでしょう。しかし、現実生活ではさまざまな阻害要因が働き、子育てに専念することが難しい状況にさらされることが多々あります。そこから強弱そして多様なストレスの鬱積が始まるのです。

しかし、逆に見ていくと、このようなさまざまな環境要因から生まれる新たな関係もあります。つまり、養育者と子どもを取り巻く家族関係の中でさまざまなダイナミクスが働き、その中においてストレスに強い逞しい子どもが育っていくケースもあります。教科書的な養育モデルがあり、それに則って子育てをすればうまくいくといった単純なものではないことは言うまでもないことでしょう。むしろ、後者のストレスフルな養育環境が現実的であり、その中でさまざまな問題に対処する力を養い、依存的関係から自立への歩みを一歩ずつ進めていくケースもあります。そのとき、親は、子どもたちが未知の世界に探検していくときの後ろ盾としての役割を果たさなければなりません。

幼児期前期の分離・個体化期において養育者との関係は、自我形成の重要な基礎となるものです。この時期における形成不全が後のさまざまな精神病理や人格障害にも関連することは精神医学領域においても取り上げられているところです。幼児期に何度も放置されたり虐待を受けたり、あるいはネグレクトや子どもの人権を無視するような関わりのもとで、子どもは見捨てられ不安を抱くようになります。愛着形成と精神病理については本書では詳細には触れませんが、このような明確な拒否的関わりでなくても日常生活の中で起こる無視や関係が噛み合わないなど受け止めの悪さ、また子どものサインを察知するときの鈍感さなどが愛着関係の形成不全につながることもあります。

2　ＡＳＤ児の自我構造

最近、思春期や青年期に達したＡＳＤの事例報告が多く見られるようになってきました。医療機関や相談機関に来るＡＳＤの来談者の多くは、不登校や職場不適応、対人関係のトラブルや引きこもり、鬱状態や双極性障害などを併発し、その多くに被害念慮や妄想性の精神病理的症状が見られます。このような症状のほとんどは二次的なもので、何らかの環境要因によって体験的に形成されたものがほとんどでしょう（髙橋他、２０１２）。そもそも、ＡＳＤの特徴によって併発あるいは誘発されるさまざまな不適応行動や対人トラブルは避けられないものかもしれません。大多数の人にとって、不適切な場面での無意味な反復行動や照準行動、あるいは強迫的整理整頓行為や集団行動がとれないなどは、受け入れ難い行動として、さまざまな対人ストレスをもたらすこともあります。また、特有の認知に基づいた行動は他者に理解できないものもあり、対人関係を困難にしてしまうことも少なくありません。また、トラブル以外にも特徴的な行動に対してからかいや冷やかし、そして排除、阻害、批判などを執拗に受けるといったことがあり（多田他、１９９８）、このような周囲の関わりが自信の欠如や対人恐怖につながり、対人トラブルや不適応の原因となることがあるでしょう。

身辺処理や運動能力に関しては、重篤な発達の遅れがなければ少年期までにほとんどが自立していきます。生活習慣などは、日常生活に必要な基本動作を毎日繰り返し、パターン化することによって、行動単位で自立へと導くことができるでしょう。たとえば洗面、着替え、排泄、食事などです。しかし、学業や対人関係の問題はさまざまです。身辺処理や社会的行動はかなり改善しても、対人関係や情緒的交流に障害が残遺するケースが少なくありません。つまり「表情や様子から相手の気持ちを洞察できない」「相手の行動を予測し協調的に行動できない」「適切な情緒的交流の欠如」あるいは「自我同一性や自我形成上の問題」などは、まさに思春期以降のＡＳＤの特徴の中核を成すもので、それゆえに診断基準となる特徴でもあるのですが、個々の成長の段階に応じて、このような情緒や自我形成の問題の改善を中心に置いた保育や教育こそが、すべての子どもにとって対人関係をうまく結んでいくことや社会適応の力を育てていくために重要でしょう。

ＡＳＤの３歳男児Ｕくんの事例を見ていきましょう。Ｕくんは、園庭でクラスの子どもたちとシッポとりをしていました。このゲームは、お尻にシッポをつけ、それをとられないようにお互いに逃げ回りながらシッポをとり合うゲームです。子どもたちは他の子どもたちに背中に回り込まれないようにたえず相手の動きを見て、あらゆる方向から襲ってくる者をかわさなければなりません。Ｕくんも集団の雰囲気につられてルールも分からずに走り回っていましたが、途中でシッポをとられてしまいました。シッポのない子どもは退場をしなければならないのですが、本人は一向にかまわず走りまわっていました。そのとき、１人の女の子とぶつかりＵくんの肩が女の子の顔にあたってしまいました。その子は大きな声で泣きだしてしまったのです。Ｕくんは戸惑って、じっとその子の顔を覗き込んでいましたが、突然「イタイのイタイの飛んでけぇ～！」と何度も繰り返し始めました。そばで先生が「〇〇ちゃん、イタイ、イタイ言ってる」「ごめんねって言おうか」と促すと、「ごめんね」と言って、女の子の顔を覗き込んだのですが、次の瞬間、指で彼女の泣き顔を突こうとしたのです。保育士は慌てて阻止しましたが、Ｕくんには相手の「痛み」「悲しみ」などまったく分かっていなかったのです。

このような場面で、そのチャンスを逃さずに共感的な関わりを行っていくことが、場面に応じた感情を引き出していく有効なきっかけとなるのでしょう。つまり、子ども自身が、感情の伴わない「ごめんね」や「いたい」といった言語表現をしたときに、「言葉」そのものよりも悲しげな表情や口調、肩に手を優しく乗せていたわる動作など、養育者はどのようにして情緒的な内容を伝えるのかが大きな鍵になります。つまり、P・フォナギーが言う、タイミングを逃さずにその場面に合った随伴的な有標的ミラーリング（P・フォナギー、2008）が必要なのです。

Uくんの別のエピソードです。Uくんは普段からよく他人の髪の毛を引っ張るのですが、その日は特に機嫌が悪かったのか、担当の先生の髪の毛をわし掴みにし、一向に離そうとしませんでした。周りの先生や子どもたちが大騒ぎをし、総動員でUくんの指をこじ開けて離したのですが、大量の抜けた髪の毛が散乱していました。Uくんの指の間にも抜けた髪の毛がいっぱい絡みついていました。担当の先生は悲しそうにしくしくと泣きだし、周りがシーンとなって先生を見つめていたところ、Uくんは先生の顔を心配そうに覗き込み先生の頭に手を差し伸べて、「ごめんね」と言ったのです。その一言が、悲しんでいた先生に大きな感動を与えました。それは本当に心がこもった「心に伝わる」一言だったのです。単に場面に対応した言葉を反復したのではなく、心から出た言葉だったのでしょう。先生の泣き顔は急に笑顔に変わりました。そして、Uくんもつられて一緒に笑顔になり、先生は「いいのよ」とUくんをしっかりと抱きしめ、今度はうれし涙に変わりました。

Uくんにとって髪の毛を引っ張る行為は、攻撃的あるいは破壊的な意識からではなく、むしろ不安回避のしがみつき行動だったかもしれません。しかし、このような行為の結果、自分が大好きな先生を泣かせてしまったのです。泣いている先生の顔はいつもとはまったく異なり、今まで見たこともない悲しそうな表情をしていました。自分が原因でこのような状態になったことが、周りの雰囲気で何となく分かったのでしょう。

子ども集団の中でたびたび起こる同じような場面では、先生は加害児に『ごめんね』は？」とくり返し促していました。Uくんはこのような場面をたびたび見ていたため、場面復元的に「ごめんね」という言葉が浮かんできたのかもしれません。しかし、この一言に「相手の気持ちを和らげたり、自分の行為の非を認め謝罪の気持ちを表したりする」といった意味が含まれることは、Uくんにはまだ分かっていませんでした。この一言にこれだけの内容を含ませることはUくんにはまだ極めて難しいことでしたが、このときの場の状況で思わず発したこの言葉は、相手をねぎらうニュアンスを含む極めて重要なものでした。Uくんの一言によって先生の顔が急に明るくなり、笑顔でUくんを抱きしめたのです。この先生の行動で、Uくんの発した言葉とそのとき先生に抱きしめられて感じた感覚とが結びつくでしょう。そして、このような場面でのさまざまな感覚を同時に体験することによって、他者の心に気づき、人の心の中に起こるさまざまな感情を洞察する力となっていくのでしょう。

このように、ＡＳＤの子どもたちは情緒的な関係を把握することが難しく、また耳から聞いた言葉によって自己内部で情緒的な反応を喚起し対応することが未熟なのです。つまり、言葉による情緒的表現や理解が難しく、視覚的なものが優位に認知されるようです。そこで、ＡＳＤの子どもには、視覚、聴覚、触覚、体幹感覚、臭覚などあらゆる感覚器官を通じて対人的なやり取りを実体験してゆくことによって、言葉の持つ本来の機能を有効に使う力が育つような配慮をすることが重要です。このような場面が遊びや生活の中で頻繁に起こる保育所や幼稚園での日々の生活や保育場面は、人との情緒的な交流が活発に起こり、日常生活の中で情緒的交流を豊富に体験できる最適の環境だと思われます。

3　ＡＳＤにとって「心の成長」とは

ＡＳＤ児たちの「心の成長」

ここで、対人関係の持ち方に特徴のあるＡＳＤ児たちは、どのような心の成長を遂げていくのかを見ていきましょう。

その発達特徴によって人との関係性が損なわれている子どもたちの心の成長はどのようになっているのでしょう。このような領域の研究はほとんど進んでいません。最近では前思春期から青年期における精神病理や青少年の犯罪に関して、司法領域でも話題になっていますが、ＡＳＤの特徴と非行や犯罪との因果関係についてはたくさんの意見が散見されますが、どれも推測の域を超えないものばかりです。

すでに引用しましたが、ドナ・ウィリアムズの手記が邦訳され、その中でＡＳＤの内的世界が表されたのが１９９３年でした。それは学会においてもＡＳＤ者の認識を大きく変える出来事でした。つまり、ＡＳＤ者の内的世界がそれまでに思われていたほど閉鎖的で恐怖に満ちたものではなく、豊かな純粋で美しいリズムと旋律に満ちた世界であり、ドナはその世界に入っていけると、その著書の中で述べています。このような叙述によってそれまでのＡＳＤ研究の視点が大きく変わったことは非常に重要なことでしょう。その後、90年代になって、それまでのＡＳＤの見方の訂正と同時にその指導法の見直しが始まりました。そのひとつの方法として、「心の理論」からＡＳＤの対人関係の問題を捉えてゆく方法や、精神分析の流れから発達論的観点を加えさらに発展させた「メンタライゼーション」などの考え方がＡＳＤに適用されることが分かってきました。

１９７８年に動物心理学者のデイヴィッド・プレマックとガイ・ウッドラフがチンパンジーの研究を通じて提唱した「心の理論」は、90年代に入って急速に多方面で研究がなされるようになり、ＡＳＤの人々の指導にも取り入れられるようになってきました。この理論は簡単に言うと「他人の心（思い込みや誤信念）が理解できるか」、つまり「他人の目で物事を見たり考えたりできるか」ということです。たとえば、受け入れられていない人に、執拗に関わりを求めている場合、その様子や反応から、相手の戸惑いや困惑を理解することができるかどうかといったこともそうでしょう。一般の人々は、自己の要求と相手の都合や気持ちとのせめぎ合いの中で、相手に受け入れられる態度や考えを選択して行動するわけですが、ＡＳＤの人たちはこのような自他の区別と対人関係の調整が非常に難しいので、適応上の問題を起こしてしまうわけです。

池田（２０１３）は、メンタライゼーションとは「自分や他者の行為を、個人的な欲望やニーズ、感情、信念、理由といった志向的精神状態の視点から理解すること」であり、「自分を含む人の行為を、こころの状態と因果関係を持つものとして解釈する過程」と述べています。また、フォナギーはその著書『メンタライゼーションと境界性パーソナリティ障害――ＭＢＴが拓く精神分析的精神療法の新たな展開』（Ａ・ベイトマン、Ｐ・フォナギー、２００８）の中で、メンタライゼーションを表す指標としてリフレクティブ・ファンクション（顧みる力）という概念を用いています。さらにフォナギーは、フリスの定義を引用し、「自己のこころの内容を表象するためには、その様子から他者のこころの内容を表象するために必要なメタ表象能力を利用するのです。そして、それが自己との関係の中で生じていることに気づいているということです」（U.Frith, C.D.Frith, 1991）と述べています。また、この機能は、早期からの愛着行動を基礎としながら適切な（随伴的）ミラーリングにより発達過程で形成されます。つまり、他者との関係の中で生じる表象によって「自己」や「他者」の「認知」および「情動」について推察したり、あるいは理解したり、相手や自分の内面を推し量ることができるようになっていくのです。

ＡＳＤにおける対人関係上の問題は青少年期や成人になってからも付きまとい、さまざまなトラブルを巻き起こす原因となっていきます。「このような将来予想されるトラブルは少しでも少なくしたい」と、どの親御さんも切実に願っているでしょう。そのためにも乳幼児期からの質の良い情緒的な交流を保つことが大切です。それは、すでに述べましたように後の対人関係の質に大きく作用するからです。

「心の理論」と「気づき」

保育所で対人関係のトラブルが絶えない高機能ＡＳＤの5歳児に、集団生活の中で徐々にその障害の中核となる部分の改善が見られた例がありました。この男の子は4歳の頃から、「自分がどうしてからかわれるのか、自分は少し変わっているのか、なぜみんなは自分の行動を笑うのか分からない」といった疑問を持ち始めたのです。このような疑問を持ち始めたということは、〝集団〟の中では暗黙に了解し合っていることがあって、いわゆる裏情報といったメタコミュニケーションによってお互いが情報交換をしており、言葉や行動だけが情報伝達のすべてではないことに「気づき」始めたことを表していると考えてよいでしょう。保育実践報告によると、本児がこのような認識を持つことができるようになるまでに、本児の問題行動の改善に要した膨大なエネルギーとさまざまな配慮は並大抵のものではなかったようです。

さて、「心の理論」に再度目を向けて、身近なところから考えてみましょう。たとえば、幼児がいたずらをするときの様子をじっくり見ていきましょう。３歳児がテーブルの上にこぼれたミルクを指で伸ばして落書き遊びをしています。それを見た母親は「汚いのでやめなさい」と叱りました。しかし、しばらくして顔を窺いながら恐る恐る同じような行動をまた始めました。そして、叱られないと分かると、徐々に大胆になってゆき、叱られたことを完全に忘れてこの遊びに興じてしまいます。そこに5歳の兄が同席していると「お母さんはなぜ叱らないの」と不思議に思い、さまざまなことを考えるでしょう。つまり、お母さんの気分次第なのか、妹（弟）が小さいから許容されているのかと、さまざまな観点から考え、そして状況に応じて自分なりの結論を出すかもしれません。この5歳の兄のように子ども自身が自己の知恵をしぼり、さまざまな状況の中で考えられる判断をしていくでしょう。親に気に入られ褒美をもらうにはどのように振舞えばよいのか、親が機嫌の悪いとき、どのようにすれば難を逃れることができるのか、対人関係のしがらみの中でどのように振舞えばうまく生きていけるかといった対人スキルは、その基本に「心の理論」が獲得されていなければ獲得できないでしょう。

あるＡＳＤ児の「自己の気づき」について、ひとつのエピソードを紹介します。非常に車の好きな4歳男子Ｖくんは、何でも車に見立てて遊ぶのが上手で、食事中も箸を車のワイパーに見立て、丸いイカリングはハンドルにして運転の真似をして遊んでいると、他児も非常に興味を持ち、それを真似て一緒に遊んでしまいます。Ｖくんの所属するクラスでは、このような行動は特に問題にはなりませんでした。むしろ奇抜なアイデアを生み出す本児はクラスの人気者でした。

しかし、翌年5歳児になって同じように食事中に、車の見立て遊びをしていると、他児に「食事中は遊んだらだめ！」と言われ、今までとはまったく逆の評価にＶくんは非常に大きな戸惑いを感じ、クラスの仲間に拒否されたことが非常にショックとなりました。その後も、さまざまな場面で本児の行動が批判されるようになり、Ｖくんはすっかり自信をなくし、何をするときにも保育士にいちいち指示を仰いだり、判断を求めたりするなど、依存的傾向が強く見られるようになってきました。今までは自己本位に行動し、対人的なトラブルを頻発していましたが、自己意識の芽生えとともに見られるようになってきた混乱はしばらく続きました。しかし、集団のルールを理解し、他児への配慮が徐々に増えてくると、Ｖくん自身の行動修正ができるようになり、やがてクラスの友達がＶくんを対等の仲間として受け入れるような関係が見られるようになってきたのです。

「自己の気づき」についてもうひとつＶくんが4歳児の頃のエピソードを挙げると、砂場に頭から転げ落ち砂だらけの顔を上げたときに他児がどっと笑いました。Ｖくんはなにがおもしろくて笑っているのか分からず、非常に不安になっていました。また、クラス全員でお笑いの番組を見ているときのことです。クラスのみんながゲラゲラ笑っているのが分からず、担当の保育士に「どうしてみんな笑ってるの?」などと質問してくるので、保育士も一生懸命説明しますが、ちっとも理解できません。最後には「わからせてよー!」と大声で訴えたのです。他者の感情表現が自己と違った形で表出し、しかも多くのものがそれを共有しているといった体験は、クラスの中で自分ひとりだけ取り残された感覚を持ったのでしょう。他児が体験している心的世界と自分が見ているものは、その違いを認識しているが共有できない、このようなもどかしさや焦りの感情を自己内で処理できなくなったのです。心理的な疎外感を強く感じ深い孤独感からの叫びだったのでしょう。

このような自我の気づきの時期にこの感情を共有してくれる人の存在は極めて重要でしょう。この園では、Vくんの担当保育士を固定し、愛着関係の形成と本児の自我の形成に支持的に関わることができる集団形成を図りました。その年度の卒園式には、年中児であるにもかかわらずVくんも参加したいと主張し、１年早い卒園式に特別参加をさせてもらい大満足でした。

このような疎外感に気づき、適切に関わってくれる対象があれば、安定した愛着関係を深めていくことができるでしょう。しかし不安定な愛着関係によって保育士が振り回されないように、安定した関係にもっていくためのセラピー的関わりが必要となります。そして、毎日生活をともにする保育所において、愛着対象としての保育士の役割がうまく形成されれば、心の育ちにとって非常に有効な環境となるでしょう。

「心の成長」のプロセス

ここで、乳幼児期に自閉的傾向を示した幼児が幼稚園や保育所での集団生活を通じて成長していくプロセスを簡単に示しておきたいと思います。まず、入所初日から担当保育者によるマンツーマンの対応により、日常生活や遊びの場面をともに毎日8時間以上過ごしていくわけですが。保育を通じて身の回りの世話や遊びなどの場面で関わり、情緒的な交流ができるように配慮していきます。やがて子どもはいつも世話をしてくれる保育者を見慣れることにより抵抗感がなくなり、さらにその保育者が自己の要求を適切に満たしてくれることが分かり親和的感情を抱くようになります。そして、随伴的な応答関係を保つことによって子どもは愛着関係を深めていきます。安全基地としての保育者との関係を形成し、周りの環境を受け入れられるようになっていくのです。

環境に慣れるということは時間を経過すればいいということではありません。集団生活にまず慣れることが重要な課題なのですが、そのときに必要な条件があります。身の回りの刺激を取り入れていくには、環境に合わせていく手がかりを与えてくれる水先案内人が必要なのです。そして、その水先案内人は同時に自己を守ってくれる安全基地の役割なども備えていなければなりません。大きな集団の中で、一度にさまざまな刺激が飛び込んでくる幼稚園や保育所の生活は、子どもにとって耐え難い刺激過剰な環境となってしまうことがあります。まず、安心できる場と人の存在は第一条件でしょう。少し余裕ができることによって、周りの出来事や人の心に気づき、興味を持ち始め、模倣行動が出現してきます。他児との交流が徐々に活発化し、集団帰属意識も芽生えていきます。その後、集団のルールを獲得し集団の中で自立に向かう一定のプロセスをたどるのですが、「心の成長（自我形成）」の課題が最後まで残る子も少なくありません。すなわち、自我の弱さ、自他の区別、自我境界の曖昧さ、主体的な行動の欠如、予測行動（見通し行動）の弱さなどです。

ここで「心の成長」について、乳幼児期から思春期までを愛着理論に基づいて簡単に項目のみを羅列してみます。保育所の集団を想定しますと、

1　安心して甘えることができる対象との関係をつくること（愛着対象の形成）
2　分離不安を経験した後に愛着関係を基盤に一定時間分離できること（母子分離）
3　愛着対象を内在化し一人で居られること（個体化）
4　自分と他人の区別（おもちゃの取り合いなどで所有者の判断など）
5　自我境界の形成（主客の区別）
6　周りの状況にあわせた自己抑制
7　精神的な自立行動（自己の行動や判断に責任を持つことができる）
8　メンタライゼーションの獲得（他者と自己の心が分かり周りに合わせる）

といったことが重要な事項でしょう。以上述べた大まかな心の成長過程は、その一つひとつが非常に重要な課題で、どの項目を取ってても幼児期にそれらをどのように獲得するかによって、その子ども

の10年後あるいは20年後の対人関係や生活の質に大きく影響すると言っても過言ではないでしょう。

ここでは、特に乳幼児期について若干述べておきたいと思います。人の心はどのように形成されるのか、という問いに答えるための一研究分野として野生児研究があります。南フランスのアヴェロンの山中で狼に育てられた野生児が、発見後人間の手で育てられましたが、狼のような四つ足歩行や遠吠え、犬食いといった行動はなくなっても、言葉や人間的な情緒は獲得できなかったと報告されています。その他の研究では、施設病（ホスピタリズム）といって、１９４５年にスピッツが提唱した概念ですが、乳児院で看護婦や保育士の関わりがさほど重要視されていなかった時代に、乳児が次々と病気にかかり、中には免疫力の低下とともに、病気への抵抗力が極度に低下し、死亡率が高くなり、発達の遅滞、情動の欠如が認められるといった報告がされました。その後のスピッツによる研究結果から、乳児期における成長に養育者の愛情が必要であることが分かり、乳児はミルクだけではなく、心の栄養である母性的な関わりが必要不可欠なものとして、その後の施設における乳幼児の養護の形態が大きく改善され、死亡率が激減したのです。

心身ともに健康な養育者（母親）は、乳児に対して母性的な関わりを日常的に行っていると思います。つまり、授乳のときは抱っこして赤ちゃんの目を見たり、あやしながらスキンシップをしたり、その関係を豊富に持ち、いつもそばにいてその様子に気を配り、乳児が示すサインをキャッチし、子どもの要求を満たす努力を惜しまないでしょう。乳児が甘えたいときや、抱っこを要求してきたときは、その場で応え、そのための時間的・精神的なゆとりを持ってゆったりと関わり、豊かな愛情をもって世話をするでしょう。このような関わりによって赤ちゃんは機嫌が良くなりミルクをよく飲み、安心してスヤスヤと眠りに入ります。このような基本的な安心感を養育者（母親）から得ることが、健康に育っていく基本的な条件なのです。

さらに、もうひとつの視点として、ポルトマンの研究を紹介しておきます。彼は人間の赤ちゃんは1年早産であると述べています。他の哺乳動物たとえば馬などは生まれてまもなく立ち上がり、自分から母乳を飲みに行きます。また、犬や猫の赤ちゃんは、生まれてすぐにはしっかりと歩けませんが、這いずりながら母親の乳房をまさぐり、自分で母乳を飲みます。人間の赤ちゃんは産まれたときは何もできません。ただ泣き、寝るだけです。母親の懐の中でミルクを飲ませ、排泄の世話、外気温からの保護、移動、適切な環境等々すべてを配慮しなければなりません。徐々に成長して状態は変化しますが、少なくとも1年間は全面的に親の介護、養護が必要です。しかし、この1年間に交わされる母子間の関わりが、人間らしさを生み出す源になるのです。1年早産だからこそ、母親の懐を子宮内のように安全な居心地の良い場所として、抱っこやおんぶ、そして大切に育てるあらゆる行為を通じて、「基本的な安心感」を与えてくれる「愛着対象」がはっきり形成されるのです。手の掛かる状態があるからこそ、乳児は母親や周りの人たちからさまざまな情報や関わりを得て、情緒の育ちを遂げていきます。

そして、愛着対象との間には「絆」が形成されます。ハイハイができるようになると母親の後追いをしますが、隣の部屋に行って見えなくなってしまうと、泣き出します。しかし、少し大きくなると目の前にいなくてもすぐに母親が戻ってくることを子どもは知っています。心の中では目に見えない絆でつながっているのです。隣の部屋から「○○ちゃん」と呼ぶと近寄って来るのも、このことを説明しています。前述しましたが、このような心の「絆」が形成されて初めて、保育士からの指示や指導、注意が伝わり、対象への模倣、共同注視や同一化ができるようになるのです。指示したことが伝わらなければ何も教えることができないでしょう。このような愛着関係の形成が心の基盤にできると、それを踏み台に巣立つ準備として練習期を迎え、やがて分離・個体化を達成し、外的世界つまり社会との関わりの中で自他の区別や自我境界を形成して自己と他者との真の区別ができていくのです。

心の成長はすべての社会的行動や言葉の獲得、対人関係の営みに欠くことのできない最も基本的な成長です。そこを棚上げにして、生活行動や動作を教えるための訓練に終止してきた反省点がそこにあることはすでに述べたとおりです。

対人関係に障害のある子どもの指導は、子どもの状態に合った発達レベルの関わりが必要です。どの段階にあるかによって、愛着対象の形成期なのか、分離独立の時期なのか模倣期なのか、まだ自他の区別に弱さを持つ段階なのかなど、個々の発達課題が設定される必要があるでしょう。個人の本質的な問題の把握とそれに対する指導のための具体的で実現可能なプログラムが設定されなければなりません。

4　ＡＳＤの自我形成における課題へのアプローチ

保育所の集団生活を経験してきたＡＳＤの実践報告から、ＡＳＤの自我形成の問題について３つの視点から見ていきましょう。

まず、第1点目は自我発達の遅延についてです。自我形成の時期については、年齢に比してかなり遅延した過程をたどるようです。子どもによっては、1歳半から2歳にかけて見られる自我主張期を6歳になって迎える子どもや、学童期になってやっと迎える子どももいます。このように、遅れて出てくる場合とパニックなどの行動で反抗期の行動と見分けがつかないケース、またまったく反抗期がないケースもあります。

集団の中で他児との関わりを促しつつ、個別指導を行っていても、ほとんどのＡＳＤ児はこのような自我主張に乏しく、人との情緒的関係を強く結ぶ行動を表す反抗期を迎えるまでには非常に長い期間を必要とします。このように、ＡＳＤ児にとって自我形成のひとつの過程を越えるのには、非常に長い時間と適切な対人的接触の環境が必要です。

個々の状況によって愛着関係の内容はさまざまな形態をとりますが、ＡＳＤ児は日々の生活や遊びなどで適切な関わりによって、そのほとんどが集団の中で特定の保育者との関係が形成されます。そして、情緒的な交流が見られるようになり、保育者や他児への甘えや依存、そして模倣行動も見られるようになります。一方、それまでのさまざまな保育場面での他児との関わりの中で、トラブルに巻き込まれたり、泣かされたり、不安や恐ろしい体験もたくさん経験します。さまざまな逆境の中で他児に救ってもらうなどの対人関係を通して、ストレスの処理の仕方や他者との調整や適応行動を覚え、安心や不安などいろいろな感情が生まれ、さらにこのような不安やストレスを軽減あるいは回避するための社会的行動や情緒的な交流が発展してきます。このような自己と他者の認知と相手に合わせた対人スキルや情緒的反応が集団のぶつかりの中で育ってくることが多くの保育実践で報告されています。

このような集団ダイナミクスの中で母性的な対象を基盤としながら自我構造の充実が認められます。つまり、さまざまな対人ストレス状況において、回避や逃避、あるいはパニックや無気力などになることなく、自己の状態を保ちながらルールに則った対人関係を結ぶことができる力が育まれるのです。この自我構造の充実は自然発生的な子ども同士の関わりやトラブルに任せておいてできるわけではありません。調整役としての保育者やセラピストの関わりが必要です。つまり、子ども自身が対人接触場面で生じたストレスを処理・低減していくのを保育者やセラピストがさまざまな関わりで援助していかなければならないでしょう。適切な介入によってほどよく抑制し、本人の主体性を解決のための方向に向けることが重要でしょう。そして解決に向かうときに感じる見通しの明るさとストレス軽減の感覚を共有することによって状況の理解と自己の対処の仕方を体験できるのです。

適切な介入とは、D・ウィニコット（1945）のいう、「ほどよい（good enough）」関わりであり、この対義語は「完璧」です。つまり、完璧な関わりは子どもの主体を封じ込めてしまい、依存と癒着を生むのです。また、P・フォナギー（2008）の有標的ミラーリング（marked mirroring）はすでに述べたとおり、子どもの行動に情緒的なメッセージを含めて返す態度ですが、このような介入を随伴的に行うことによって、子どもの主体と間主観的関係が生まれてくるのです。この随伴的な態度は、ほどよい（good enough）と重なる概念でしょう。完全に合わせるのではなく、間やずれを含む自然な関わりと言えるでしょう。この概念についても、すでに述べたとおりです。

以上のように、ＡＳＤ児の自我は形成困難ということではなく、適切な環境で支援していくことによって、一般的な速度よりもはるかに遅いテンポですが、確実に形成されることが臨床的な経験からも確認することができました。

２点目は二次的障害です。ＡＳＤ児は自我形成が遅延するために、幼児期に獲得しておかなければならない対人スキルや基本的生活習慣、そして社会生活に必要なルールの獲得が年齢に応じてできないことが多く、集団生活ではさまざまな適応問題が発生します。さらに、自我形成の未熟な状態で加齢することから生じる、対人的トラブルやストレスの処理不全からさまざまな二次的障害が発生する可能性が高くなり、その対処方法についての指導や心理治療が必要となってきます。不適応行動や対人トラブルは、いわゆる問題行動として扱われますが、予防的には事前にパニックを起こさずに済む対処法や強い固執傾向を軽減させる、あるいは社会的・創造的な対象に向けるなどの指導が有効なときもあります。

ＡＳＤ児の多くはさまざまないじめに遭い辛い体験をする者が多いと言われています（杉山他、１９９９ 浅井他、２００７）。たとえば、不安解消のための安定剤としていつも手に持っているタオルやぬいぐるみなどを隠す、「変なことを言うから」といってクスクス笑う、「仲間はずれ」にする、無視する、「戦いごっこ」と称して集団暴行を加えるなど、ＡＳＤ児は年齢に応じてそれぞれの形態でのさまざまな過酷ないじめを受けています。そして、そのときに形成された「心の傷（トラウマ）」あるいは、「自我萎縮」などの自我の歪みはその後の自我機能に大きな影響を及ぼします。多くのＡＳＤ児には自我の未熟や希薄な状態が見られ、やがて少年期から思春期にかけて強い被害念慮を持ったり、妄想や強迫観念・行動とあいまってさまざまな精神病理的な問題行動に発展したりするケースがあります。ＡＳＤ児のこのような行動は、幼児期、少年期にかけて対人関係の中で二次的に形成されたものがほとんどと言っていいでしょう。

このような二次的障害の形成を最小限に防ぐためにも、ＡＳＤ児には幼児期からの養育環境の調整を行い、人や集団とのよい関係を重ねることができるよう配慮が必要でしょう（井上、２０１０）。ここでの対人関係の調整としては、ＡＳＤ児の特徴であるこだわりや意志疎通のむずかしさによって日常的に生じやすいさまざまなズレや行き違い、誤解などを軽減し、集団からの拒否や無視などさまざまないじめに遭う機会を少なくするような集団形成が極めて重要だと言えるでしょう。

そして、第３点目は愛着関係の形成に関してです。ＡＳＤ児はその発達初期において愛着行動が極めて乏しく、あるいは見られないと言われていますが、この点については、愛着行動の欠如がＡＳＤ児の特徴と考えられていた時期もありました。しかし、これは障害の基本にある感覚過敏や情緒的対人交流を結ぶ脳機能の不全あるいは未熟による二次的なものであることが、その後の研究で報告されているところです。ゆえに、その形成時期は遅れても、対人認知機能の向上とともに愛着行動の出現と絆の形成が期待されるとして、筆者らはこの「愛着行動の形成」をＡＳＤ児の指導上のキーポイントとして障害児保育や子どものグループセラピーを推し進めてきました。とりわけ保育指導上愛着関係の成立は日常の生活指導や自我形成の最も基盤となるところだと考えられます。

5　ＡＳＤの訓練と自我の育ち

さて、ＡＳＤ児の自我が育つ環境とはどのようなものなのでしょうか。従来行われてきたような1、2週間に1回1時間程度の訓練やセラピーで、子どもの自我形成に有効と思えるような方法はまだ見当たりませんが、親御さんに対する精神的サポートとしての意義はあるのかもしれません。発達障害者支援法施行以降は、子育て支援が地域の公的機関でなされるようになり、適切な指導や療育を受けることができるようになりました。しかし、以前はＡＳＤが治るといった幻想を抱かせ、高額な料金を取り療育やプレイセラピーを実施する営利団体や個人塾など、さまざまな形態で実施されている民間施設が数多くありました。

子どもの将来に不安を抱く親御さんの中には、保育所や幼稚園を休んで、多大な時間と経費をかけて遠方まで熱心に通っている親子もいました。ある親子は特別支援学校へ入学するまで、幼児期の2〜3年間通っていましたが、好きな数字や形の弁別、パズルなど発達検査項目にあるような課題を毎回することで、発達指数はどんどん上がりますが、ますますこだわりが強くなり、一人遊びに耽るようなりました。そしてその間にしておくべきことを逸したために、後に情緒的関係の形成に多大な時間と労力をかけなければならないことになり、身辺処理の自立までが遅れ、遊びや対人的関係の発達が大きく遅延することになってしまったのです。

そこでの療育は早期から絵カードで名称を教える、色の弁別や数、文字学習をするなど、ASD児にとっては得意な課題が多く、著しい成果を上げることができました。記憶に頼る課題については、多くのASD児にとっては最も得意とする分野です。見る見るうちに成果は現れます。繰り返し実施される発達検査の指数もどんどん上昇し、ノーマル水準を超えてしまう子どももたくさんいます。また、遊びのセッションにおいてもパズルやハメ板、数字の遊びなどによって子どもも達成感を味わうことができるもので構成されており、それなりの満足感が得られ、続けていく動機付けにもなります。

このような成果は、確かに学業の成績に反映されるものや生活に役に立つものも含まれています。しかし、目に見える成果を追い求めるあまり、心の育ちへの配慮が疎かにされがちです。将来本当に必要とされる力は何なのか、将来生きていくうえで必要とされるものと結びついているものを、大切な発達の時期を逸することなく身につけていくことが重要ではないでしょうか。

小さな教室で短時間に獲得できるような訓練課題や練習内容のほとんどは、日常生活や遊びの中に最も適切な形で自然に組み込まれています。そもそも、色の識別や数字の理解、形の弁別やカードでの物の名称など、すべては現実の遊びや生活の一部を切り取って造られた課題です。現実の生活の中では、たとえば、横断歩道を渡るとき、黄色を見て「黄色は気をつけて」「青になったから渡りましょう」といったように、視覚聴覚、行動といったさまざまな機能が総合的かつ統合的に働き、色の識別とその意味づけやルールの理解に基づいた適切な行動を獲得していくのです。ままごとには、さまざまな要素が凝縮されています。

たとえば、買い物ごっこには、子ども「りんご2つと、みかん1つください」、店員「赤いりんごと、青いりんごがありますが、どちらにいたしましょう？」、子ども「青いやつ」、店員「ありがとうございます」、子ども「いくらですか」、店員「どれも１つ１００円なので、全部で３００円。あ、５００円ですね。じゃ、２００円のおつりです」、子ども「ありがとう」、これだけのやり取りができるようになるだけでも、さまざまな要素がぎっしり詰まっています。数的理解、色の認識、物の名称、比較、選択、応答、会話のリズムなど、実際の生活場面で使用する形で獲得することが重要なのです。一定の文脈の中で適切に使うことの困難さはＡＳＤの子どもに共通した問題です。さまざまな場面や方法でこのようなやり取りを繰り返し体験できるような環境を構成することが重要でしょう。

情緒的体験を通して、あるＡＳＤの子どもが、今後長い人生を生きていくために必要な対人関係スキルを総合的に身につけていくためには、狭い部屋に作られた遊び空間ではなく、人的にも物的にも生活や遊びのすべての要素を含む子ども集団の中で、長期的な、充実した、そしてゆっくり流れる時間の中で、繰り返し体験して獲得していくことが必要なのです。つまり、集団の中の生活や遊びで起こる偶発的な出来事における、玩具の取り合いのような子ども同士のぶつかり合いや攻撃やトラブルなどさまざまな関わりを通して他者の存在に気づき、自己の要求を少し控えたり、相手の様子を察知して自己調整したり、あるいは相手の動きやリズムに合わせたり共感したりして、複雑な対人スキルを身につけていくのです。このような関わりを通して、たえず自己を修正し、統制のとれた自我機能が徐々に形成されるのでしょう。

保育集団では、このような人との関わりやぶつかり合いによるさまざまな体験を通して、人との間に感情の交流があることに気づき、他者（いつも自分を世話してくれている保育士や子ども）の存在とさらに関わってくる子どもたちの性格や特徴を認識していく力が育っていきます。そのためには、たくさんの友達がいて、絶えずなんらかの関わりがある環境が必要なのです。そばで距離をおいて見ているだけでは上記のような対人関係は育たないでしょう。実際に交互の関わりが生じるように、保育者は周りの子どもたちに働きかけなければなりません。この「働きかけ」とは、関わりを促したり、方法を説明したりするのではなく、保育者自らがモデルとなります。保育者がＡＳＤ児とともに子どもの集団にとけ込んで遊びや生活に参加すれば、周りの子どもたちは遊びを通じて保育者の態度を見て、自然にそれを取り入れるでしょう。ここで、それ以前に周りの子どもたちにとって保育者が愛着対象となり、またあこがれ（モデルや同一化）の対象となるような関係を形成しておくことも重要でしょう。このような関係を通して、ＡＳＤ児と他児そして保育者の三者間でダイナミクス（力学）が生じ、自己と他者の区別が明確になり、自我形成が促されていくのです。

ここで、ＡＳＤ児の自我形成について、特に保育所の集団を取り上げるのは、保育所は密度の高い対人的な関わりが、遊びや生活を通して十分得られる環境であること、そして保育士が養育者としての母性的な役割を担い日々長時間接してくれるかけがいのない極めて適した場所であるからです。

定型発達の多くの子どもたちは、家の周りにある子どもたちが集まる公園や広場に自ら行き、遊びに参加する体験を持つことができます。他方、ＡＳＤのほとんどの子どもたちはその発達特徴からも、地域の子ども集団からの刺激をうまく取り入れることができず、孤立したりトラブルの悪循環を起こしたり、さらに集団から阻害されいじめの対象となる傾向さえあります。しかし、保育所では子どもの状態や集団の構成を工夫し、集団ダイナミクスを利用することによって、その関係性がポジティブなものに変わり、他では成し得ない情緒的関係や支持的関係を形成する場となるのです。

幼児期における以上のような育ちを逸したケースとして、かなり知的に高いが対人関係や社会適応に困難があるケースや、こだわりなどかなりの改善が見られた成人のケースでも共通して見られるのが、自我形成の脆弱さあるいは未熟さでしょう。このような自我形成の問題は、後に深刻な二次障害として対人恐怖や不安、被害念慮や解離などの精神病理的傾向を抱える症例が多く報告されています（岡田、２００５）。ＡＳＤの「情緒的なコミュニケーションの乏しさ」が自我形成に大きく影響していることは確実でしょう。その原因や状態の解明は個々の指導指針に重要な情報ですが、それが分からなければ指導指針が立てられないというわけではありません。原因が違っていても自我の未熟な状態の改善に向けた方法は見出すことは可能です。早期に適切な集団と指導が望まれるところです。

６　ＡＳＤと対人関係の障害

自我形成については年齢に応じた段階的な発達理論がありますが、ここでは児童精神医学領域に基づく自我構造論あるいは自我境界の形成を問題にしたいと思います。

かつて、ＡＳＤ児をはじめ障害児全般にわたってなされる教育・養護・訓練は、生活習慣の確立、身辺処理の自立、日常生活動作技術の習得および向上などが中心でした。特に生活に必要な行動や技術の習得や向上に重点が置かれ、行動レベルでの社会適応に終始していたように思われます。確かに基本的な生活習慣や生活動作の習得は、自立に向けた課題の中でも必修のものでしょう。しかし、社会性の発達やコミュニケーション能力の発達、そして自我機能の成長発達についてには、その基本に情緒的交流がなければ、バランスのよい発達を望むことができません。行動レベルの指導や学業や知的指導に比べてその成果が評価しにくく、さまざまなアプローチが実施されているものの、その方法も試行錯誤の段階で、まだ効果的なものが見出されていないのが現状と言えるでしょう。

２０００年代初期、不可解な少年事件がＡＳＤと関係付けられて新聞紙上で報道され、学会や障害者団体など関係機関からのさまざまな批判や親御さんの団体からの抗議がありました。２０００年5月に愛知県豊川市で起きた主婦殺傷事件では、広汎性発達障害（ＡＳＤ）の少年が起こした事件として報じられました。そのことが関係各方面で物議を醸し、その後報道からこの障害名が伏せられたかのように思われました。しかし、２００３年7月に起きた、14歳の少年による長崎の幼児突き落とし事件では、再びこの診断名が報道されました。

「感情の抑制が難しく、切れやすい」「こだわりが強くて……」といった特徴を短絡的に事件に結びつけるのは非常に軽薄な判断ではないでしょうか。まだ、この障害が世間一般に十分に理解がなされていない現状で、「広汎性発達障害（ＡＳＤ）」の診断名をマスコミに公表することは誤解を生む可能性が高く、他の障害者への偏見やその他のさまざまな不利益につながっていく危険性があるように思われます。実際にＡＳＤと少年犯罪を直接的に結びつけることはあまりにも短絡的で根拠のないことでした。

しかし、このようなケースは医療関係学会などではすでに90年代から多く報告されていました。つまり、ＡＳＤの特徴は対人関係のさまざまなトラブルや困難さに結びつくことは誰もが認め、その対応に追われているのが現実でした。この障害の特徴は、子どもでは保育所や幼稚園のような集団の中でさまざまな不適応やトラブルに関連してしばしば問題にされています。つまり、幼児期においてこのような特徴は集団の中でさまざまなルール破りや逸脱行動、その他のさまざまなトラブルの原因になっているのです。しかし、このような特徴そのものが事件につながるものでは決してありません。ただ、放置しておくと、他児との関係が悪くなり、集団から疎外されたり排斥されたり、その結果、乱暴な行動や引きこもり、あるいは不登校のきっかけになることもあります。ＡＳＤ児の８割から９割がいじめや集団から疎外される経験を持つといった調査結果もあります（杉山他、１９９９）。

２００４年に佐世保で起きた同級生殺傷事件では、被害者の父親が徹底的解明への強い要望もあり、加害者の鑑別診断の結果と措置理由が公表されました。その内容は非常に衝撃的なものです。

①対人的なことへの注意の向き難さ
②断片的な捉え方
③抽象的なものの言語化が不器用
④聴覚的情報よりも視覚的情報が処理しやすい

といった特性ですが、ＡＳＤなど何らかの障害と診断される程度には至らないという内容でした。つまり、性格が偏った「普通の子ども」の犯罪として児童自立支援施設に措置されたのです。誰もが多かれ少なかれ持つ特性であり、このような特性と措置理由にも書かれているようなさまざまな家庭的な状況や不適切な養育環境や偶然のきっかけなどが幾重にも重なったときに、さまざまな問題や事件が生起するのでしょう。つまり、この少女の性格特性にほとんど当てはまるＡＳＤの少年が、同じような事件を起こすかというと、そういうわけでは決してないのです。

性格特徴の診断結果を事件性に関連付けるようなことは断じて許されることではありません。その点を十分押さえたうえで、障害特徴によって生起しやすい対人関係のトラブルやその結果生じる二次的な障害を極力予防するために、当初からその対策を講じておく必要があるでしょう。起こってしまってから考えるのでは遅すぎます。表面化した時点ではすでに根深いいじめの構造が形成されていたり、取り返しのつかない深い傷を負っていたりするからです。このような心の傷を負ったＡＳＤの多くの子どもたちには、その思春期から青年期にかけて、多彩な心身症状や精神症状を呈するケースがたくさん見られます。

次に、ＡＳＤの行動特徴から「対人関係の障害」を考えてみましょう。ジョン・リシェは「FOUR WINDS全国大会」講演（１９９７）の中で次のような視点から広汎性発達障害（ＡＳＤ）の行動特徴とその要因について説明しています。

「自閉的な子どもに多く見られる社会的回避行動としては、遠ざかる、目を避ける、うつむく（あごを引いて）、耳と目をふさぐ、集団から目を背ける、集団の端っこに行ってしまう、肩をすぼめて高く上げる、手をかざして顔の前に上げる、恐れに誘発される『作り笑い』などである。そして、これらの回避行動が誘発される要因はどのようなものがあるのか、次に挙げると、①行動に不確実な要素が伴い混乱する場合、②行動することに困難さが伴う場合、③相手が押し付けがましい場合、あるいは侵入的で強すぎる刺激である場合、などである」

リシェによれば、さまざまな特徴的行動の動因は次のような葛藤によって誘発されると考えられます。つまり、本当は近寄りたいが近寄れないために回避しているときに生じる「接近－回避葛藤」、所構わず接近してじっと見つめるなど、特に興味のあるものへの「過剰反応」、緊張を和らげるために頭をしきりに掻いたり、首を左右に振ったり、顔をなで回すなどの「置き換え行動」、ストレス解消・緩和するために着物をいじくり回すなどの「常同行動」、その他、母親への攻撃的衝動を代理攻撃対象に向けるなどです。このようなさまざまな動因に基づいた行動を適切に解釈し対処していくことが重要でしょう。

早期からの適切な指導がなされているケースでは、このような問題が起こることはもっと少ないでしょう。このような問題を予防するためにも、幼児期においていじめやからかい行動をきっかけに集団の中で子どもを自然にクラスの一員として受け入れ、仲間としての意識と理解を深めていくことを課題とし、支持的関係を基礎にした集団の形成に取り組んでいく中で、子ども同士の心のつながりを形成していかなければなりません。まず、保育者自身が集団の中で適切に関わっていくことによって、周りの子どもたちはそれを参照しながら関わっていくでしょう。そのようにして、障害のある子どもたちは集団の中で受け止められる機会が増します。そして、友達に受け入れられ、仲間の一員として参加できたことが本人にとって非常に貴重な体験となり、自我形成の基盤にもなっていきます。その後の状態は、ほとんどの子どもが徐々に落ち着きと、集中力の向上、そして情緒的な関係形成が認められるようになるでしょう。

7　高機能ASD児Wくんの保育所での育ち

高機能の知的水準を示すASD児の幼児期から就学時期頃の自我の育ちについて、事例Wくんの保育所での生活を通して見ていきましょう。

Wくんは3歳児から保育所に入り、2年目の4歳児から2年間、週1回のグループプレイセラピーを障害児保育と平行して実施しました。次の**表3**はWくんが入所直前から卒園するまでの3年間に7回実施したK式発達検査の結果と言語、ロールシャッハプロトコール、描画、対人関係などについて、その経過をまとめたものです。その成長の経過を発達検査および心理検査、描画等を参考にしながら、集団適応の状態や対人関係と自我の状態について、**表3**からその経過をたどって見ていきたいと思います。

まず、3歳9か月で保育所に入所。当時廊下や各保育室をフラフラと、視線は空ろで目的もなく、歩き回っていました。声をかけられてもフンフンと首を前に振るだけで無視。言葉でのやり取りは困難で、名前を呼んでも反応はありませんでした。担当の保育士を固定し、情緒的なやり取り関係を中心に、さまざまな対人関係を保つような配慮がなされました。また、愛着関係を育てることを目標に、集団内マンツーマンの保育体制がとられました。しかし、最初は1人の保育士がベッタリ付き過ぎたためか、本児にとっては若干侵入的に受け取られたようです。担当の保育士が近づいて行くと迷惑そ

表３　Wくんの成長の過程

期間	暦年齢	PDQ	VDQ	Ro反応言語	描画	K式発達検査	集団適応	対人関係
入所時	3：9	58	47	言葉による意思疎通は不可				無反応、無表情、呼名反応(－)、条件反射的反応、固執傾向
3か月目	4：0	75	44	身振り言語の獲得		絵カード(＋) 大小比較(－)		目を見て頷く、語頭模倣 非言語的交流開始
10か月目	4：7	61	57	語彙増加			仲のよい３人グループの遊びをそばで見るのを好み、ときどき模倣	保育士に愛着行動母子分離不安母親への愛着関係の安定化
14か月目	4：11	68	60		人物画：目のみ	男女(－) 名前(＋) 数理解(－) 大小比較(－)	一人遊びのとき介入されると怒ることがあるが、自ら関わりを求めることもある	保育士の表情を窺いながらのいたづらをする。 夢見るような眼差しがなくなる
21か月目	5：6	74	68	声モノトーン Q&Aが不成立	人物画： ７部位 視覚優位 「長方形」名称は言えるが、描けない	数理解(＋) 大小比較(＋)	泣いて訴える	自己主体が不明確 指差しで保育士に注意喚起行動
27か月目	6：0	94	81	V：こうもり X：カニ、メガネ（同席他児の反応に触発）	人物画： ９部位	課題が難しくなると退行的反応。試行錯誤によって不安低減	「ちょうだい」と言って訴える。要求実現の手段としての言語の利用	自己不全感に基づく不安、焦り、怒りの感情を表出→自我支持的関わり(holding)
33か月目	6：6	119	76	絵カード 「分かった!ママの絵、猫、お姉ちゃんよしよししてる」	キジムナーの絵象徴的世界の共有と共感性の困難さが残る	漢字を読む 「保育所」 文脈把握の改善が認められるが、主客転倒有り	自ら積極的に集団へ参加して遊ぶ	自己抑制と試行錯誤→情動調律と達成時の共感

うな顔になることもあり、その反省から適切な距離とタイミングを保つよう、必要なときにすみやかに援助できるような付き方に変更しました。

入所後数か月で言葉が出始め、身振りで要求を訴えるような場面も見られるようになり、8月上旬、初めて身振り動作で担当保育士の目を見て「返事」をしました。そのときの状況を保育記録から拾ってみましょう。

――保育日誌――

Wくんは保育士の手をひっぱり園外に連れて行き、そしていつもの散歩のコースを一回りしてもどった。その日のお昼寝後のおやつが終わったときに、部屋から出て行こうとするので、後を追って行くと、保育士の手を取って乳児の保育室へひっぱっていこうとするのです。「白組さんで遊ぶの?」ときくと、しっかり顔を見て「うん」と答えました。（傍点は筆者）

「この日をきっかけに、本児が自己の要求を受け止めてくれる私の存在に気づいたような気がします……」と記されています。それまでは要求やわがまま、甘えといった感情をこの保育士に向けてくることはなかったのですが、この日を境に愛着対象として保育士自身が自己の存在を明確に認識することができたようです。その喜びと、気持ちが通じ合ったときの感覚を如実に表しています。

子どもにとって、愛着対象の形成は自己が伝えた要求を実現してくれる人を認識できて初めて成立するのでしょう。つまり、しっかりと自己の要求を受け止めてくれる対象がWくんの中に形成されたのです。このときの感覚を保育士が「初めて私の存在に気づいてくれた」と表現しているように、心が通い合ったときの実感を喜びと感激を伴った重要な出来事として記されていました。

この３週間後、プールで動物の鳴き真似遊びをしているとき、「これ誰」とたずねられて、「Ｗクン」と不明瞭ではあるが自分の名前を名乗ったのです。「自己」の認知と要求を受け止めてくれる対象としての「他者」の認知がほぼ同時期に芽生え始めたのです。この認知の芽生えは、その後、特徴的な発達経過をたどることになりました。

１年目の終わりの頃には言葉が増え、「いやや（だ）！」と反抗語を連発、相手の反応を楽しんでいるかのような場面もあり、保育士が同じように「いやや」で返すと、そばによってきて顔を覗き込みニコリとする。この頃、保育士の言ったことが、スムーズに伝わるようになり、指示を理解し行動する場面が増えてきました。

２年目で自分の名前をフルネームで言えるようになりました。それまでの夢を見ているような眼差しが消えて、しっかりと保育士の目を見つめ、相手の様子を窺いながらいたずらをしたり、他児へ積極的に関わったりする場面も見られるようになりました。しかし、言葉はモノトーンで質問に対する応答的な表現がまだ不適切で、オウム返しになってしまうこともまだしばしばあります。つまり、情緒的な応答は活発になってきましたが、言葉での応答は未熟さと不自然さが見られました。

３年目に入って、Ｋ式発達検査の結果は認知適応がＤＱ＝94、言語社会がＤＱ＝81にまで上がってきました。入所３か月目では認知適応がＤＱ＝75、言語社会がＤＱ＝44でしたがその後徐々に上昇し、卒園前には認知適応がＤＱ＝１１９、言語社会がＤＱ＝76といった結果でした。言語社会でわずかに下がっているものの、認知適応では20以上上昇しています。絵の叙述課題の中で、「家のカード」では、しばらくじっと考えて「分かった、ママの絵、猫、お姉ちゃんが、よしよししている」といった、情緒的反応も見られるようになりました。

その他、さまざまな領域において、質的な発達的変化と新たな問題も認められるようになりました。「保育所」といった特定の漢字が読めるようになり、話の文脈も少しはつながるようになりました。しかし、次のようなエピソードから、Wくんは主客転倒や象徴世界の理解が難しく、フィクションが分からず、保育の中で本児自身が体験している「世界」と他児との違いがあることに気がつきました。

生活発表会で、Wくんのクラスは沖縄のガジュマルの古木に宿る精霊「キジムナー」の劇遊びを演じることになりました。生活発表会が終わってその体験をクラス全員で反省会を行い、その後子どもたちは、自分たちが劇で演じ体験した世界をそれぞれのイメージで描きました。すると、Wくんは他児とはまったく質の異なった絵を描いたのです。つまり、舞台の上に並んだ友だちの絵を描きました（**図2**）。一方、他の子どもたちは、大蛸の来襲、キジムナーと魔法にかけられ金魚になってしまった子どもたちなどをドラマチックに、すごい迫力で表現しました（**図3～5**）。

描画によって、両者の間にこのように歴然とした体験世界の違いがあることが分かったのです。

演劇では台詞や振りも憶え、何とか最後までこなしたのですが、舞台の中で体験していたものは他児とはまったく異なったものであったようです。劇はそれぞれが、ストーリーに従ってお互いのイメージで作り上げた役を演じ、いわば空想の世界を共有しながらその中で進めていくものです。このような集団の中でWくんはどのような内的体験をしたのかは正確には推測ができませんが、他児が絵

図2　Wくんが描いた生活発表会の絵

図3

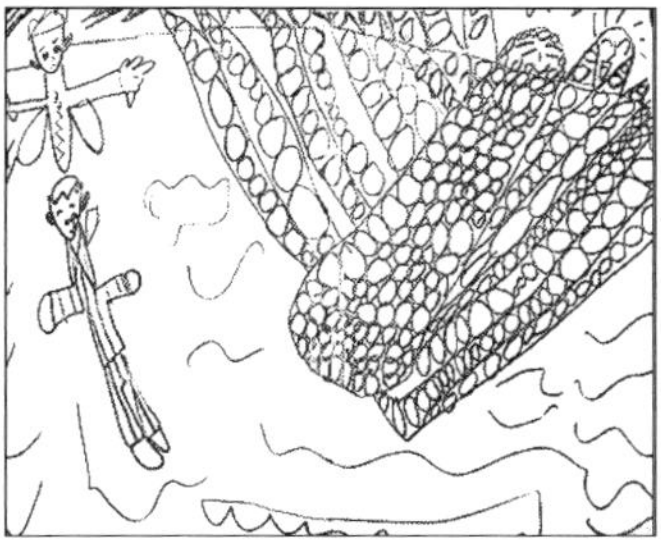

図5

図4

図３・４・５
クラスのほかの子どもたちの絵

本のストーリーに基づいて演技をしていても一つひとつの行動の意味が分からず、視覚的に把握できる行動のみを再現していたのでしょう。他の子どもたちがそこで体験していた、架空上のストーリーにワクワクしたり、悪霊に取り憑かれる恐怖に慄いたり、その危機を逃れたときの感激に涙する物語の世界とは随分違ったものであったようです。

この頃やっと集団に自分から参加し、簡単なルール遊びも楽しむことができるようになってきました。製作課題も一生懸命取り組み、最後までやり遂げて完成したものを先生に見せに来てともに喜び合うといった場面も見られるようになってきました。このような共感的な場面をこれから数多く踏まなければ、フィクションの世界を他者と共有し楽しむようになることは難しいのでしょう。発達レベルは認知適応が100を超え、言語社会が80前後までに達しており、日常的な言葉や社会的ルールについても日常生活への適応は非常によくなっていたのですが、フィクションをイメージ化し共有することの難しさを改めて認識したケースでした。

第6章　治療的介入

1　ＡＳＤ児へのアプローチ

ＡＳＤ児に対するアプローチは指導か療育か、それとも治療なのかといった議論がありますが、一方では学習理論に基づいたＴＥＥＣＨやＡＢＡ、そして最近ではＳＳＴなど認知行動療法がＡＳＤ児の社会的行動形成法の主流となっているようです。ＡＳＤ児に対する治療的アプローチを考えるには、まず、その症状が如何なる要因によって形成されているのかを検討する必要があるでしょう。症状（特徴）としてＤＳＭ‐Ⅳや I ＣＤ‐10で挙げられているものが、コミュニケーションや社会的関係の質的障害、そして反復やステレオタイプ（常同行動）などの固執傾向などです。相手の意図の理解が困難である、同じ行動を飽きずに繰り返す、パターンを状況に合わせて変更ができない、応用が利かない、場の雰囲気を読めないなど、さまざまな状態を挙げることができるでしょう。さらにＤＳＭ‐5では、感覚過敏や認知の障害が挙げられています。このような症状はさまざまな程度を呈し、個人が生きていくうえで支障をきたすものや、周りに対して有害になるものからまったく害のないもの、逆に特技としてその人にとって有利なものまであり、十把一絡げにその特徴を解消することが治療の目的とは言えないでしょう。

医学的にはこのような基本的症状を解消することはできないと言われ、また、以前は改善した状態を症状の「残遺」状態と呼んでいました。これらの症状がスペクトラム（連続的状態）として見られるようになった現在では、どこからが症状なのか境界線を引く必要性がなくなったと言えるでしょう。敢えてこの境界を定義するならば、その特徴が何らかの支障をきたし、治療の必要性が出てきたときにその状態を症状として見なすべきでしょう。

このように考えると、治療対象とすべき行動特徴は、その行動が単に診断基準に当てはまるから治さなければならないものとして診断・治療を行うのではなく、その症状がどのような背景で診断されるのか、それによりどのような困難やトラブルが生じるのか、今後の可能性も含めて慎重にアセスメントを行い、治療や療育の対象としていかなければなりません。

ＡＳＤ児の認知

ＡＳＤ児の特徴的な認知様式や固執傾向そして行動様式は、場所や時間状況によって人との自然なやり取りや情緒的交流を阻害することがあります。たとえば、いきなり前方から近づいたり声をかけたりすると眼をそらしたり、その場からすっと立ち去ってしまうことがあります。また、食事のときにいつも座る場所が塞がっていたり、必ず置いてある物がその位置に無いときに、パニックになったりすることもあります。このような同一性保持（sameness）や侵襲的感覚や変化に対する抵抗（回避行動）は、日常の生活や保育・教育場面で自らを閉ざすさまざまな障壁（バリア）となってしまいます。しつけや保育、教育は一定の社会規範に基づいて実施され、さまざまな指導方法や決められた法則があり、一定の目標やルールで子どもを枠にはめていこうとする意図を含んでいます。

ＡＳＤ児の中には教育や保育で用いられるような、社会的規範枠やマナーや礼儀など日常の生活の中で共有していくものについては、むしろ他の人よりも律儀に守り、若干融通性がないといった傾向も見られることがあります。

そこで、まずＡＳＤ児の興味や認知対象をしっかりと把握し、子ども自身が頻繁に視線を向ける対象、興味を持つ物、また彼のこだわる対象の内容を養育者や保育者自身が知っておくことは重要でしょう。クルクル回る換気扇の羽が子どもにはどのように見えるのか、転がる球体がどのような軌跡をたどるのかなど、子どもの視点から子どもの世界を覗いてみると、そこには我々が今まで見たこともない世界があるかもしれません。マンホールの穴に石を落として耳を当てて聞いていた子どもの真似をして、その音を聞いてみると、石ころが水面に落ちたときの音が、まるで水琴窟のような響きで聞こえることに大きな驚きを覚えたこともありました。

ドナ・ウィリアムズ（１９９３）は、彼女の手記にこう書いています。シャンデリアにぶら下がるクリスタルを覗き込むと、そこには水晶が作る透き通った世界が広がっており、「自分がカットグラスになれば、キラキラ輝く内側から世界を眺めることができる。しかし、そこはどんなに美しくても入っては行けない、肉体は羨みながら外側に立ち尽くすばかり」。

共感的介入

ＡＳＤ児への治療的接近の第１ステップとして、子どもと保育者の双方が共感的な体験を得るために、保育者が如何に子どもの知覚している認知内容を捉え、それに歩み寄ることができるかが重要な態度となるでしょう。随伴的な関わりは、子どもが認知している対象をタイミングよく、わずかでも共有できれば、共感へと発展するかもしれません。たとえば、あるＡＳＤ児がいつも登っている屋根の上には、同じ保育所の中とは思えない別世界があります。前述した屋根の上のＲくんについてふたたび見てみましょう。下で保育士たちが慌てふためき、所長は「早く下りて来ーい」と叫んでいます。子どもたちもみんなこちらを見上げて大騒ぎしており、その様子をＲくんは高見の見物です。下界の大人たちを眺めるとその様子は滑稽に見え、何となく解放された気分になり、情緒的な体験ではないにしても、爽快な体験があるような気がします。また、屋根の上は、実際に上ってみると水平方向の直接音から解放された静かな場所であることが後に筆者自身の体験で分かりました。音に過敏なＡＳＤ児にとっては、騒音から逃れることのできる居心地のいい場所なのかもしれません。

「高所の園生活」については、Ｓくんのこんなエピソードもありました。Ｓくんは関わろうとすると逃げていくような対人関係の困難な年長のＡＳＤ児でした。新任の男性保育士が頻繁に滑り台やジャングルジムの頂上に一緒に登り、高所生活を楽しむ体験をともにしているうちに、ある日ジャングルジムの上で突然視線がピッタリと合い、Ｓくんがニコリと微笑んだのです。それ以来、その保育士とＳくんは共感的な関係が認められるようになり、指示理解もできるようになりました。

共感的体験については、筆者自身もＡＳＤ児のグループセラピーをしているときに、「おもちゃの自動車を壁に衝突させる遊び」を通して、同じような体験をしたことがありました。ただ壁にぶつけているだけの遊びですが、実際に何度も再現してみると、ぶつかったときに発する衝撃音と「ゴォー」というエンジンの空回りする音が非常にドラマチックで、何度も再現したくなるのです。プレイルームの中で著者自身もこの遊びを繰り返しているうちに、おもしろくなってその世界に浸っていると、その遊びのおもしろさが分かる人として認められたのか、子どもの方から筆者にニコニコしながら「自動車を壁にぶつける」ように要求してきました。

このように子どもが体験している世界を知るのは、時と場合にもよるでしょうが、まず子どもと同じ遊びを再現してみるのは有効な方法です。子どもが何を見て、どのように体験しているのかが分かってくると、その時に感じていることを少しずつ共有することができるでしょう。そして、同じ体験を繰り返しているうちに情緒の交流が始まります。この情緒交流によって一見無意味な行動の内容がさらに詳しく分かってきます。そして、少し飛躍するようですが、幼児期におけるこのような共感関係が基礎にあってこそ、後に非社会的な認知や行動様式に対する社会的意味付けや価値を共有することが可能となるのです。

自然発生的な介入

Xくんは1歳半健診では特に問題は指摘されませんでした。弟が生まれた際に共同保育所に預けられましたが、そのとき保育士から、本児の「名前を呼んでも振り返らない」「マイペースである」といった特徴からASDではないかと指摘されました。このときXくんは2歳過ぎでした。その後、3歳過ぎまでグループセラピーと母親教室での母子平行の指導を受け、その後市立の保育所に入所しました。入所当初知的発達は境界レベルで、情緒的な交流の希薄さが見られました。入所に際して保育士の個別の配慮が必要と認められ、Xくん担当の保育士が配置されました。当初は、人との交わりが極めて乏しく、家の中ではミニカーを寸分のくるいもなく、黙々と一列に並べて遊ぶ、そして文字や商標などを見つけると長時間見つめて過ごすなど、こだわり行動が認められました。

しかし、このようなこだわり遊びを崩していったのが弟の介入的関わりでした。Xくんが並べたミニカーの列から気に入った車を取ろうとして、Xくんが丹念に並べた列を崩してしまう。そんなとき、Xくんは嫌な顔をしたり泣き叫んだりしますが、弟に直接仕返しをするのではなく、毎回「おかぁーさん！」と助けを求めたのです。母親はこのようなXくんの様子を見て、「この子は心の優しい子だ」と評価していました。4歳になった頃には、弟との喧嘩や意地悪が見られるようになり、また母親をめぐる膝の取り合いややきもち、母親への甘えといった、自然な母子関係が展開されるようになっていきました。保育所では、年少と年中クラスを通じて、保育士や他児との関係は徐々に深まっていきましたが、砂場での自由遊びの場面では他児との関わりは少なく、ひとりで遊んでいることがまだ多く見られました。年長クラスになるとやっと仲のよい子どもが数名でき、家庭に帰っても保育所で一緒に遊んだ子どもの話をするようにもなりました。

優れた記憶力を持つものの、強いこだわりと情緒的な関係の希薄さを一時的に示したＸくんに対して、母親はその特徴を適切に捉え、発達の状態に応じた関わりを行ってきたことが窺われました。Ｘくんが興味を持つものに素直に応え、それを通じて情緒的な関わりを深めていったのです。そして、弟の出産はＸくんの育ちに極めて重要な意味を持ったと言えるでしょう。すなわち、Ｘくんのこだわりを、悪気のない純粋無垢な関わりで執拗に崩壊していったのです。時にはすさまじい喧嘩や兄弟間の摩擦によるストレスを示す場面もあったそうですが、さまざまなイベントをきっかけに母親との関係を再構築していったのです。

このような自然発生的な介入が、強いこだわりや儀式的な行動を崩し、そこに介入してくる人の存在やその人の意志と自己の意志とのぶつかりを体験し、そこに情緒的なやり取りが生じるきっかけとなるのです。

治療的介入の注意点

ＡＳＤ児へのセラピスト（保育者）による介入が、単にこだわりや儀式的行動やパターン化を崩すだけに終わってはなりません。介入はあくまでも情緒的な交流や共感的な遊びを促すための手段です。

活発な情緒交流が見られるようになる頃には、相手からのミラーリングによるフィードバックや模倣などにより、こだわりやパターン化は気にならなくなっていくケースが多く見られます。

一定期間ともに過ごし、お互いが慣れてきた頃には、強くこだわり反復している遊びへの積極的な介入的関わりにも抵抗が少なくなっている者も出てくるでしょう。そのときに、トランポリン・ファニートンネル・ハンモックなど、子どもが興味を示す他の遊びに誘うこともひとつの方法です。最初はまったく知らない遊びで警戒心を示し拒否する場合もありますが、一旦体験してしまえば、そのおもしろさが分かり何度も要求してくるようになります。もうこうなれば介入ではなく、共感的遊びに発展し、何度も繰り返し子どもの要求に応えることで、情緒的交流が生まれてくるでしょう。

このようにＡＳＤ児のプレイセラピーを行う場合、こだわり行動など特徴的行動への介入は非常に重要なチャンスとなるでしょう。つまり、この介入を糸口に、他者への気づきや情緒的交流のきっかけを作ることもあるからです。

しかし、この介入はひとつ間違うと、単に大きなストレスを与えるだけの妨害行動になりかねないのです。同じ介入でも状況やタイミングによってまったく異なった意味を持ってしまうことがあります。たとえ早急に改善したい行動であっても、いきなり介入するのはよくないことは言うまでもありません。すでに述べたと思いますが、徐々に並行的に関わって行く中でタイミングをうまく捉えて、常同行動や儀式的行為に変更を加えるというのもひとつの方法でしょう。いつも決まった玩具で一定の方法でしか遊ばない子どもと、一緒に同一方法で遊びながら飽きた頃に微小な部分の変更を試みる、その変更を子ども自身が受け入れることができれば、徐々に遊び方を変えていくことが可能な場合もあります。

では、どうして、パターン化やこだわり行動を変化させなければならないのでしょう。保育所で郵便受けの郵便物を所長に届けるのが日課になっていた４歳のＡＳＤ児のエピソードです。その子は、事情を知らない職員が郵便受けから郵便物を取り出して持って来てしまうと、パニックになり泣き叫ぶということが何度かありました。その職員は、しかたなく取り出して来た郵便物を毎回全部郵便受けにもどしていました。このようなこだわりをどのように扱うのかはさまざまな考え方があるでしょう。こだわりがいくつも日常生活に入ってくると、さまざまな問題が生じてくる可能性があり、改善したほうが本人や周りの人にとって生活しやすくなるかもしれません。生活に支障が生じる場合は、早急に改善をする必要が出てくるでしょう。環境調整やこだわり行動の変更をしなければ解決できない問題はたくさんあります。

社会の中には、きっちりと決められた同一の行為や態度、方法、一連の動作に重要な意味を持つものもたくさんあります。さまざまな年中行事や儀式はその典型でしょう。しかし、日常生活や学習あるいは幼児の遊びにおいては、試行錯誤により子ども自身が解決の糸口を見出していくことが多く、それには柔軟性と創造性が必要です。このような社会性の発達を阻害する要因となる強いこだわりや無意味な儀式的行動は、何らかの社会的な意味合いを持った行動に変更をしていかなければなりません。

そこで、こだわり行動を修正する際に考慮すべき重要なことは、子ども自身の周りに起こるさまざまな事象について、融通性と代替可能性、そして変化する面白さを知ることなどです。そのためには、たとえば、ゲームなどで状況の変化や役割交替、そして交互的な交流などの体験を通じて、絶えず変化する身の回りの事象を受け止め、あるいは必要に応じて無視することができるようになることが必要です。そうすれば、物事の発展やダイナミクスから生じる情動の生起と共感を体験できるようになるでしょう。すなわち、柔軟な態度を身につけることによって、物事の解決や処理方法を学ぶ基本的態度を身につけることができるのです。

2 ＡＳＤ児のグループプレイセラピーによるメンタライジングと情緒交流の形成

グループプレイセラピーの概要

グループプレイセラピーの場は、遊具が備えられたプレイルームという一定の枠の中で、小人数の子どもたちがセラピストや遊具を媒介とする他児との関わりを持つことができる自由な空間です。ここでは、枠として、「部屋から勝手に出ない」「玩具や設備を破壊しない、他人に危害を加えない」など、最低限の禁止事項が決められていますが、その他は自由に遊ぶことができる場所です。

このグループプレイセラピーの対象となるのは、その発達特徴などにより、乳幼児期に経験しなければならない情緒的なやり取りが未熟あるいは阻害され、対人関係の問題をさまざまな形で呈した幼児です。子どもたちは年齢も能力的にもバラバラであり、障害は主にＡＳＤと知的障害、注意欠如・

多動症などですが、共通点は集団適応と対人関係の問題など二次的な障害を抱えていることです。情緒的交流の希薄さ、気持ちや会話が噛み合わない、状況判断ができず集団に適応できない、感情のコントロールが難しく対人トラブルを頻繁に起こす、遊び集団に入って行くことができず孤立している、コミュニケーションに質的な問題がある、こだわりが強く発展的な変更や中止ができない、儀式的あるいは強迫的な行動を繰り返す、といった特徴を示す子どもたちの中には、集団や家庭の中で自分や周りの人たちを困らせたり、学業や生活の支障につながる行動や心性を示す者がいます。グループプレイセラピーはこうした行動や心性に気づき、その改善を図っていく場でもあります。

プレイルームの中では、セラピストは子ども同士の遊び場面における目的的な遊びや偶発的な関わりを通して、メンタライジングを促進していきます。たとえば、積み木にまったく興味を示さない子どもに目の前で高く積み上げた塔を「地震だ！」と少し大げさに叫んで倒して見せると、子どもはびっくりしますが、再度セラピストが積み上げていく様子を見て、興味を持ち始めるでしょう。タイミングよく子どもの手に1つ持たせると、子ども自身も積み始めます。そして、一つひとつ積み木を積上げていく場面で子どもは協同的に参加し、発達的にその時期になっていれば、セラピストの有標的ミラーリング（marked mirroring）によって、倒れそうな危機感や、さらに積んでいくときのわくわくした気分の高まりを共有することができます。

もちろん二者間に絆（bond）が形成されていなければ、相手の意図が伝わらないでしょう。それまでの関係の中で、呼ぶと振り向く、接近してくるなどの愛着行動を示すかどうかの確認が必要です。そして、子どもが相手（セラピスト）の様子からどのように感じ、どのような表現や表情を見ているのかをその反応から探っていくのです。

そこに、たまたま共感性を強く示す他の子どもが参入した場合、その刺激によってスイッチが入る場合もあります。あるいは、そのときは反応がなくても後で何度も積み木を積んでは倒す遊びを繰り返し、セラピストがその都度、歓声をあげるなどの随伴的な感情反応をしていると、あるとき突然、セラピストと同じような歓声をあげるようになる子どももいます。このような遅延的に摸倣遊びを始める子どもは、実際の集団場面ではよく見かけますが、見て単に学習することと、現実場面で実践し習得することとは次元が異なるのです。見たものを再現してみることで、その構造や組み合わせの難しさ、素材の重さや堅さなどの性質が分かります。さまざまな要因を考慮に入れなければできないような体験を通して、多次元的なモードを同時に処理し、統合して初めてうまく反応できるのです。このような状況においてメタ表象を与えるのがセラピストの重要な役割です。「難しいな」「うまくいくかな」「こっちはどうかな」「やったー」「うまくいったねー」などと、あらゆる課題解決場面で行う内的作業を子どもの遊びの場面で共有していくのです。このとき、子どもの心には自由で解放された状態が必要です。自由な空間が保障されていることでセラピストとの間主観的関係が形成される可能性が高まるでしょう。しかし、こうした関係が形成されなければ、セラピストが持つ表象を共有し、困難な課題に直面したときや試行錯誤を繰り返すときに生起するストレスを保持したり、苦労の末にできたときの喜びを共有したりすることはできないでしょう。

プレイルームの自由な空間は、以上のような子どもの主導性と主体的な行動や発想が守られた空間であり、ルールや決まりと罰で縛られることが一切ない場としての保障が子ども自身の中で十分認識できるような配慮がなされなければなりません。つまり、メンタライゼーションの獲得に向け、自己や他者の心的理解が可能になるということだけではなく、情動調節や注意の制御も含めた、主体の成立がその重要な目標となるでしょう（池田、２０１３）。

プレイルームの基本的構造とセラピストの役割

自由な空間枠としてのプレイルームには、基本的な構造として、次に述べるようなさまざまな感情を表現できる遊具一式が、子どもの手が届く、いつも決まった位置に置かれています。その種類は主なものとしては、積み木、プラレール、絵積み木、ブロック、トランプ、パズルボックス、ドールハウスと人形セット、ままごとセット、各種ボール、鉄砲、刀、バット、ミニカー、自動車、電車、トラック、オセロ、ぐらぐらゲーム、絵本などです。

セラピストは状況に応じて、子どもが興味を示す玩具に対してその遊び方を提示するなど遊びへの導入を行います。遊びが発展・展開するに従って、セラピストは子どもの代弁をしたり、代役を演じたりして、徐々に子どもの遊びへの興味を高めていきます。プレイルームでは、このような交互的交流の活性化を行っていくのです。

セラピストは子どもの示すシグナルに敏感で、常時ではなくタイミングよく、しかもほどよく随伴的な反応を返すことが望まれます。複数のセラピストがそれぞれ全体を把握しつつ、状況に応じて個々の子どもに関わっていきます。子どもの担当を決めずに力動的かつ流動的に、子どもとセラピストが関わる場面で共感的関係が促進されなければなりません。

子どもが特定のセラピストを選び、他のセラピストを拒否あるいは回避することがあります。強い愛着関係を形成していくうえで、選択的な対人関係が生じても不思議ではないでしょう。他の子どもがセラピストと関わるのを邪魔したり、やきもちを妬いてすねるといった行動が見られることもあります。好きなセラピストを他の子どもにとられる、独り占めできないといった状況では、愛着対象をめぐって他児とのぶつかりが生まれますが、対人的ダイナミクスが生起する重要なチャンスとして捉えていかなければなりません。最初は愛着関係の形成から出発するわけですから、まず一対一で、子どもが特定のセラピストを独占できる状況が続きますが、それはいつまでも続かないでしょう。他の子どもが間に入ってきたり、好きなセラピストが他の子どもとの関係を形成していくこともあり、複雑な三角関係も生じます。このようなダイナミクスの中で、子どもにとっては自己の内で何らかの心的処理を迫られる状況が出てきます。2番目に好きなセラピストを作るなど、複数のセラピストとの愛着関係を形成するといった子どももいます。またセラピストに対して抗議する、しがみつく、泣いて訴えるといった退行を示すことで、愛着対象奪回のさまざまな戦略が展開されます。

セラピストはこのようなさまざまに形を変えた愛着要求に半ば応えつつ、他の子どもとも同様な関係を保っていきます。子どもにとっては自分だけに関わってほしいところでしょうが、現実には他にも同じ対象に愛着要求を持った存在がいることを受け入れざるを得なくなるでしょう。このような状況をしばらく体験することで愛着欲求を満たされないそのストレスと個々それぞれの処理方法を見極めながら、セラピストは遊びによる介入を行っていくのです。遊びを介した間接的な関わりをこの三者が持つことにより、三角関係から三項関係への関係性の変化が生じるのです。

　愛着対象との関係を保つことができない状況では、たとえば子どもは、ぬいぐるみやタオルのような移行対象によって不安を補ったり、あるいは他児への援助によって認めてもらおうとするなど間接的な関係性の中で愛着欲求を満たそうとする子どももいます。注意引き行動やセラピストへのサービス行動もその一環として見られる行動です。見逃さずに応えていかなければなりません。

　このような対人的ダイナミクスによって生起するさまざまな問題を乗り越えていくことによって、幼児的・原初的な密着型の愛着関係から分離した状態でも安定した形で「つながっている感覚」を体験し、情緒的な関係性の中で対象を共有できる三項関係につながっていきます。

　セラピストと遊びを共有し没頭できる体験は、自己と同じ他者の存在を強く意識する機会となるでしょう。そして、トラブルを起こすことなく、他のもう１人の子どももそこに参加することができるようになると、他児と愛着対象を共有することができることをやがて認識し始めるのです。このような愛着対象の共有は、保育所の乳児クラスでもよく認められています（厚生白書、１９９８）。

　実際の場面では、子どもの関わる対象は子どもの選択に任せていきます。担当は決めずに力動的な関係の中で関係性を調整することがセラピストの重要な役割です。たとえば、数名の子どもが１人のセラピストを奪い合う場面です。愛着対象と共有できる遊び（ままごとなど）を入れることにより、子どもはさまざまな役割行動を演じるでしょう。それは子どもの内的な要求を象徴するものかもしれませんが、ここではむしろ、現実の子どもが自己の内部に抱えた欲求不満を現実の関わりの中でどのように処理するのかを見ていきます。それが子ども自身の内的な育ちを捉え、現実の対人関係を形成する力を育てることにつながっていくでしょう。

ここで、まったく関わりを求められないセラピストについても見ておきたいと思います。子どもに選ばれなかったセラピストはすることがなくなりますが、これは黒子になるチャンスです。ままごと遊びが展開している背後で、その場の主役の後方支援をするのです。たとえば、ままごとの素材を整え、遊びの発展条件（仕掛け）を作っていくのです。つまり、次の展開で必要と考えられる食材や食器を子どもに気づかれないようにそばに置いておくなどの連携プレイによって、遊びが中断されずに一定のリズムをもって展開されるのです。また、子どもが「ハンバーグ定食を作ろう」といった提案をした場合、すぐに必要なハンバーグや、大皿、添え物、野菜、ナイフ、フォークなどの材料を手の届く範囲に近づけます。そして、次の展開を見越して、数個の湯のみや、ケトルなどを近くに置いたり果物など食後のデザートもお皿とともに置いておきます。このような素材は手の届く範囲のおもちゃ棚に置かれているといいのですが、たいていの場合少し離れていて、セラピストや子ども自身がそれを探しに立ち上がりその場を離れたり、おもちゃやカゴの奥深く隠れていて、ひっくり返して探したりしなければならない場合が多いのです。「さあ、ごちそうを作ろう」と言って、包丁やまな板を探している間に子どもは他のものに興味が移ってしまうことはよくあることです。材料探しで遊びを中断したり、他の遊びに興味が移ったりしてしまわないよう、きめの細かい配慮や周到な準備は非常に重要な仕掛けとなります。

自由空間としてのプレイルームの仕掛け

プレイルームはまったく自由な空間ですが、実はさまざまな仕掛けがあります。それは一定の枠やルールに合わせるためのものではなく、重要なのはあくまでも子どもの主体性と主導権を発揮できるような環境調整がなされることです。子どもと共有する表象は、それを具現化するための素材や方法が必要であり、さらにそのときの心的状態が遊びの発展に大きく影響するでしょう。たとえば非常に眠くて機嫌が悪いときや嫌いなフィギュアを見つけ、それが気になって動けなくなってしまっているときなどです。つまり、発展的な遊びが展開されるために、セラピストが子どもの発達の状態とそのときの内的な状態を把握しながら、子どもが主体的に自由にプレイルームの中で過ごすことができるような条件を考慮し、さまざまな仕掛けをしていくのです。そして、遊びが発展してくると多くの調整が必要となってくるでしょう。その際の他児とのダイナミックな関わり体験の共有は、情緒の交流や共感的な対人関係の形成基盤となるのです。

プレイルームでは、子どもの主体的関わりをいかに引き出し遊びに展開するかが重要です。そのときにセラピストの企図する仕掛けが適切に機能していることが、この展開に大きく影響するでしょう。

グループプレイセラピーも数か月経つ頃には、幾つかの遊びコーナーでそれぞれの子どもが、自分の得意な料理やプラレールによる街づくりなどに専念する場面が見られ始めます。しかし、どのコーナーにも入れずウロウロしながら興味ある遊びを探している子どももいます。

7歳の男児Yくんは坂レールを利用した複雑な立体構造を作り、ミニカーを何度も滑らせては失敗しながら最後には完成させました。それで終わりかと思っていると、次にパチンコの玉を流し始め、終着点まで全部の玉が流れるようコースの調整に余念がありません。自分で遊びを展開できない4歳のZくんは、最初興味深げにこの遊びをちらちらと見ながら周りをうろうろしていました。しかし、ますます面白くなったのか、どんどん接近して来てじっと見ていました。やがて流れてくる玉に思わず手を出しセットの一部を壊してしまいました。すると、即座にYくんが来て「だめ!」と突き飛ばしたのです。突き飛ばされたZくんは「ウワー!」とその場で大泣きしました。そのときまでに随伴的に「見る遊び」の実況中継をしながらそばにいたセラピストが、泣くZくんを抱っこして、Yくんの遊びが切れないような配慮をしながら、Zくんの悲しみを受け止めていきました。Zくんが泣き止むと、再びレールを伝って流れてくる玉を今度は触らないように、Zくんの腕に触れながら「ワー、来た、来た」とセラピストがやや大げさに情緒的な反応を続け、Zくんとともに楽しみました。このような体験を繰り返した後、Yくんがいなくなると、Zくんはひとりで同じ遊びを始めました。Zくんはセラピストの随伴的な関わりを通じて、遊びの共有と取り入れを行い、再現的な遊びに展開したのです。この数か月後にはYくんとZくんが交互にトラブルなくコースターで遊ぶ姿が見られました。

子どもが集団に参入することにより生じるトラブルの意義

おもちゃの取り合い場面における奪った者と奪われた者、それぞれへの対応についてグループプレイセラピーの具体的な場面から見ていきましょう。

他児が使っているおもちゃを奪った者に対しては、保育などの現場では当然その行為を注意し、阻止するでしょう。しかし、実際にこのような関わりを行ってみると、怒りをさらに喚起し、知的に高い子どもは自分の正当性を訴え反撃してきます。通常はこのような子どもに対し、周りの者は批判的になり制裁をさらに強化してしまうのです。すると、子どもはますますストレスフルになり、腹いせに次の新たな攻撃行動や破壊的行動へと発展させます。それにより周りがイライラして怒りをあらわに叱責することで、子どもの反応はさらに攻撃的になり、次のトラブルに発展していくといった、終わりのない悪循環に陥るのです。

このような場面での対応として、グループプレイセラピーでは、おもちゃの取り合い程度のケンカは止めません。セラピストは、他児に暴力を振るおうとしたときに制止あるいは防御できる位置で見守り、間髪を入れずに制止することができる体勢を保つなど、決して怪我につながらないよう最大限の配慮をします。たまに防御に失敗することもありますが、そのときは、受けた子どもの心的打撃が緩和されるよう、守りきれなかったことを子どもに謝罪します。そして、痛かったその子の気持ちを共有します。このとき、加害児に暴力行為の理由を説明させたり、反省や謝罪をしつこく要求したりしません。注意引き行動として他児への攻撃をしている場合には、被害者を守りつつ、無視やさらりと注意するなどの対応をします。

おもちゃを奪われ続けた子どもが反撃に転じた事例を紹介します。他児の遊びを次々と破壊することに快感を持つ年中児A2くんは、新しくグループに参入した3歳男児B2くんの遊びを破壊することを繰り返していました。B2くんは何度も繰り返される破壊的行為に過敏になり、自己が遊んでいるプラレールの電車をA2くんが少し触っただけで大泣きし、「こわーい！」と泣き叫び、その後も泣き続けました。

セラピストは、しばらくは泣くB2くんを見守り、さらなるA2くんの攻撃から守りながら、遊びを妨害されたB2くんの悲しみと悔しさを包み込み（hold）ながら、壊された線路や駅舎の再建を援助していきました。B2くんは自己の身に起きた不幸に対して、最初は何が起こったのか分からず、混乱と恐怖で受け入れることができない様子です。しかしセラピストはB2くんの動作に随伴的に声をかけながら、プラレールの線路の補修や電車の連結をB2くんが主体的に行っていくのを見守りました。その後の何度か繰り返される破壊に対しても、徐々に泣かずにセラピストに訴えたり、「あーあ、また壊された」と状況を客観的に説明するような表現に変わっていきました。再建の時間をともに過ごすことで悲しみからの回復を支えていき、それに伴って、声かけのトーンや内容も変えていきます。つまり、そのときの感情を表象する内容をセラピストが声の調子や表情、そしてジェスチュアーで表現していくのです。「悲しいね」「A2くん意地悪だね」「だんだんおうち、できてきたね、よかったね」といった、子どもの内的な状態をミラーリングする関わりを通して、子ども自身が内的表象を徐々に現実のものと対応させ、自己の主体的な操作によって再建できることの可能性を認識していくのです。

B2くんはそれまで、破壊されても悲嘆ばかりで、怒りの感情がないかのように見えました。しかし、B2くんは心の中で怒りの感情をどのように処理していいのか分からず、溜め込んでいたようです。さすがに攻撃が度重なると、「窮鼠猫を嚙む」といった行動に出るようになったのです。そして、B2くんが最初に怒りの感情を表出したとき、セラピストはそれを次のようにバックアップしました。決してけしかけたり促したりするのではなく、かすかな反撃の感情がB2くんの側から湧き出てきたときに、それが圧倒的なA2くんの威力に屈してしまわないよう気持ちを支え、相手の攻撃を緩和していくと同時に、B2くんの怒りの感情が相手に伝わるよう調整していきました。

やがて、自己の怒りが相手に効力を発することが分かると、B2くんの怒りは急激に増大し「返して！」と奪われたおもちゃを取り返しに行くといった果敢な行動に転じたのです。最初は簡単にA2くんに突き飛ばされて泣かされました。さらにB2くんは増大した怒りでもってA2くんに挑みますが、やはり相手の力が強くはね飛ばされます。すると、B2くんは「あれ、こんなはずじゃなかった?」というような表情でセラピストを振り返りました。ここで、セラピストの役割が重要となってきます。このときセラピストが〝大丈夫、やれる！〟というメッセージを表情や態度で示してB2くんをサポートすると、B2くんは泣きながらも諦めずに「返して！」と歯向かって行きました。このときに、勢力関係が変わってきたことを感じ取ったA2くんは、奪ったおもちゃをB2くんの手の届かないところに放り投げて立ち去ってしまいました。放り出されたおもちゃを悔しそうに取りに行く

Ｂ２くんに「よかったね、Ａ２くん返してくれたね」と声をかけると、Ｂ２くんはしっかりとオモチャを握りしめ「うん」と頷きました。

このようなトラブルを自由が保障された集団内で体験することによって、事態への積極的な関わりとそこで起こるさまざまな不安や恐怖心を保持し、自己の力で解決の糸口を見出していくといった主体の形成が促されるのです。そのときに相手の内面を推察し、自己の関わりが相手に及ぼす影響とその結果相手がどのような行動に出るか、またセラピストがどの程度助けてくれるのかなど複雑なダイナミクスの中で体験的に推察する力が育つのです。そして、子どもたちは自己抑制や内的なストレスとの付き合い方を学んでいきます。

さらにもう１つのエピソードを紹介します。グループプレイセラピーでは、子ども同士のトラブルが絶えず起こります。３歳のＡＳＤ児Ｃ２くんがプラレールで遊んでいるところへ４歳のＡＳＤ児Ｄ２くんが参入してきました。そして双方向から新幹線を走らせたために正面衝突が起きたのです。Ｃ２くんは急に怒り、大きな声を出して相手を威嚇します。Ｄ２くんはまったく動じることなく、また相手に譲る気配もまったく見せず、自己のペースで遊んでいます。

Ｄ２くんの母親が横に座っていますが、口出しはせず黙って見ているだけです。Ｃ２くんの母親も、「じゃまだから！」と泣きながら訴えるわが子をほほえみながら見守り、手助けはしません。双方の子どもはしきりに親の顔を窺いながら、助けを求める視線を送りますが、母親たちはただ笑みを浮かべて応えるのみです。そのうちに、Ｃ２くんは「もう、やだ！」とプラレールの一部を壊し始めました。Ｄ２くんはじっとその場を動かずに一部始終を見ています。そして、双方の母親の顔を窺っています。C２くんがプラレールの一部を壊したときも、C２くんの母親がどのような反応をするのか、じっとその表情を見ていました。

子ども同士はにらみ合いを続けるのですが、相手には決して手を出さず、C２くんは「ぼくがここで遊んでいたのに」と自己の正当性を主張し、D２くんはじっと相手の出方と成り行きを見守り続けるといった膠着状態が続いたのです。親御さんは決して口出しや援助をして事態を解決しようとは考えません。子どもの状態を受け止めながら中立的（neutral）な態度で見守ります。子どもは視線では『何とかして欲しい』と信号を送りますが、やがて自分で行動を開始します。

D２くんは諦めて、別の場所に線路をつなぎ出したのです。それを見てC２くんは急にほっとした表情で遊びに戻りました。これが、この２人の最後の衝突でした。このようなにらみ合いはその後の遊びの中では起こらず、なんとなく距離を置いて、たとえニアミスが起こったとしても、それ以上には進展しないようになったのです。

このような経過は、このグループプレイセラピーにおいて回を重ねることによって得られた子ども自身の育ちと言えるでしょう。つまり、セラピストと母親の視線が枠になって、トラブルで生じる緊張とストレスを自己の中に保ち、行動化を抑えることによって、事態の成り行きを見極め妥当な方向へと運ぶことができたのです。その過程で得られた貴重な体験がその後の対人関係に大きく影響しているることが確認できました。すなわち、ニアミスから進展しないで遊びを継続できるようになったのは、相手を知りトラブルを避ける術を心得たからでしょう。

人との関係の中で必ず生じるトラブルやストレスを、相手に合わせて処理する方法を学んでいくときに、自我をコントロールする内在化した対象が必要なのですが、このトラブル場面ではセラピストや母親がいつでも助けてくれる位置にいて、過剰な援助の手を出さずに見守ってくれていたのです。このような環境の中で子どもは自己の力で事態をしっかりと見て、自発的な心的および身体的な活動が立ち上がってきたと言えるでしょう。

破壊行為から集団参加、そして「主体」の形成へ

E2くん（4歳）は、非常に優しい母性的な母親に育てられてきましたが、父親は気性が激しく、自身の思い通りに行動しなければ子どもを厳しく叱り、手を出すこともたびたびありました。E2くんが父親に叩かれて母親のもとに来ると、母親は優しく受け止めますが、父親の暴力には一切口出しはしませんでした。父親が怖くて口出しできなかったのです。子どもは父親への怒りや恨み、恐怖心を晴らすために、母親に当り散らし暴力を振るっていました。母親はこのようなE2くんに対してまったく無抵抗で、ただひたすら耐えている状態でした。むしろにこやかな表情で「もう止めなさい」とときどき言うのみで、そのことが子どもの暴力を暗黙裏に認める状態を形成していたのです。E2くんにとって母親は優しく受け止めてくれる母性的対象であったのですが、突然襲ってくる父親の恐怖から身を守ってくれるシェルターとしての機能は果たすことはできなかったのです。

グループ内では、セラピストに積極的に関わりを求めるわけでもなく、主にひとりで刀を振り回しながら車にまたがって部屋を動き回ることが多く、他児の作ったままごとや積み木を平気で壊してい

くのです。１年間経過して、徐々に他児の遊びの領域に車のまま乗り込んで壊していくといった破壊行為は少なくなりましたが、ときどきわきを通過して一部を壊すといった行為は見られました。セラピストが積極的に本人の遊びに合わせて関わっていくと落ち着いて会話やルール遊びもできるのですが、セラピストの手が不足し、他児に関わる時間が長くなると次々と他児の遊んでいるおもちゃや積み木を壊したり、横取りをしたりするのです。他児に乱暴を働くことも多く、おもちゃの取り合いなどのトラブルになると、相手をめがけて物を投げたり、おもちゃで相手の頭を叩いたり一瞬の攻撃を防御できないこともあります。プレイルームではおもちゃは同じ物を複数個は用意しません。むしろ争奪戦が生じるような条件で構成されています。けんかの場面ではセラピストは基本的には止めずに、状況と成り行きを見守ります。子どもが一方的で被害児が無抵抗の場合は危害を加えようとする寸前に介入します。対等の場合は注意したり禁止したりせず、危険な状況を見逃さずに危機一髪で制止できる距離と注意を保ちます。

Ｅ２くんがグループプレイセラピーに参加し始めて２年目、やっと他児の遊びが集団遊びになって楽しい場面が続くと、車にまたがり周りを遠巻きに走らせながら、参加のチャンスを窺うようになってきました。あるとき、Ｅ２くんが車を降りた瞬間を捉え、セラピストが背中をとんと突きながら「さあ、Ｅ２くんの番」と言って促すと、その勢いで大縄跳びの中に入っていきました。それからは、他児の順番の列に並び、楽しそうにルールを守って遊ぶようになってきたのです。セラピストの介入で参加のきっかけを摑むことができ、グループ遊びに参加できるようになると、他児の遊びへの妨害は徐々に減っていきました。しかし、日によっては頻繁に破壊行動が見られることがあります。

その後ままごとをしている他児への妨害行動は、今までのような壊滅的なものから、遊びのコーナーを車でスレスレに走り抜ける行動になっていました。また、「ままごと」を突然ひとりで始めるなど、今まで遠巻きに見ていた遊びを再現する場面が見られるようになりました。やがて、そこに他児が関わってくるようになり、お互い笑い声も交えながらのやり取りが始まったのです。そして、ままごと遊びの場面では、セラピストが「何作っているの?」と聞くと、明るい大きな声で「カレーライス」と応えてくれる場面も見られるようになりました。「先生にも作ってくれる?」とリクエストすると、「いいよ!」と快くお皿と食材を探し始めました。やがてカレーライスができ上がり、「はい、どうぞ」と差し出してくれたのです。

3　高機能ＡＳＤのケア

高機能ＡＳＤの増加

近年、知的能力は高く生活面での問題はありませんが、コミュニケーションや行動面での問題があり、保育所や学校の集団生活の場で逸脱やルール違反、授業場面でさまざまな不適応行動を示す子どもが増え、保育者や教師はその支援方法に非常に苦慮し、さまざまな試みを行ってもなかなかうまくいかないという現状があります。基本的な問題へのアプローチを模索する以前に、現実に起こっている行動面に目が向けられ、対症療法的に強引な制止や禁止で関わらざるを得なくなってしまいがちです。パニック行動や集団逸脱、自傷、閉じこもり、他害など環境要因によって形成されたさまざまな行動をどのように理解し、その生起要因を取り除くのかについては、まだまだ現場で有効な情報が不足しています。また、そのような行動に対する対処法を身につけた保育や教育現場での指導者が非常に少なく、悪循環の遷延化は二次的な問題行動や集団不適応行動をさらに助長・拡大させる恐れもあります。

年長ＡＳＤが示す対人的な問題としてよく挙げられるのが、次のような例です。人と話をしていて急に過去の体験が混入し、話の脈絡がなくなってしまう。本人自身は関連性を持ちつつ話しているつもりでも、話相手にとっては何のことか分からなくなって話が続かなくなってしまう。普通、話の筋がはずれたときには、相手の反応や様子からそれを察知して話を元に戻すのですが、そのことに気づかず、どんどんとマイペースで自分の興味ある事柄や対象を捉え、連想反応的に現実場面とは関係のない言葉を連ねてしまいます。また、独自の方法（マイルール）があり、それを阻止されたり妨害されたりすると不安な状態になりパニックに陥ったりします。これは相手のさまざまな感情や要求を表情や態度や声の調子などから察することが難しく、人と接する際の行動のコントロールが困難であるなど自我機能の働きが極めて乏しい状態によるものと考えられます。

さらに、強いこだわりや固執傾向によって、情緒的な体験を犠牲にしてしまうことがあります。つまり、狭い範囲での強い興味と強迫的反復は、一方では強い銘記を可能にしますが、他方では他の要素との関連性や因果関係、そして例外事項など複雑な要因間の関係をカットしてしまいます。そこでは諸要素間の比較や取捨選択に伴う葛藤などから沸き起こる感情は排除される宿命にあります。迷ったり味わったりしていると、自己の論理が崩れ不安に陥るでしょうが、彼らはその不安に持ち応えるだけの自我（容器）は持ち合わせていません。見たものをそのままボードに貼り付けるように銘記しておくことが安心につながるのでしょう。そして、それはいつでも取り出せるというよりも、見たり聞いたりしたものがきっかけになり、連想反応的にその都度飛び出してくるのです。脈絡の中で吟味され整合的に使用されるのではありません。そのままの物がリアルによみがえってくるようです。これは、杉山の言う「タイムスリップ現象」で、いわゆるフラッシュバックを起こし、リアリティを伴った認知が蘇ってくるのです（杉山他、１９９９）。

このようなケースの場合、乳児期に対人関係の発達に問題があり、言葉の遅れや、聞こえないのではないかと思わせるような反応の乏しさや、表情の平坦さなどが見られます。一定の年齢（3歳以降）に達しても約束が守れない、会話が成立しない、相手の気持ちを汲むことができない、メタコミュニケーション（視線、表情、声の抑揚などによる情緒的交流）の不通あるいは困難、何度注意されても同じいたずらや失敗をする、見知らぬ人に対する警戒心や緊張感が乏しい、身近な人との愛着関係の欠如など、基本的な対人関係の問題を有しています。また、他人とのイメージの共有が困難ということもあります。5歳の男の子の例では、数人の女の子とままごとをして遊んでいる場面で、「食事前に手を洗って」と言われて、実際に外の手洗い場に出て行って水で手を洗ってくるので遊びが中断されてしまうということがありました。

高機能ＡＳＤ児には、早期からの適切な介入により、幼児期後半から急に言葉が増え始め、集団生活への適応性が非常に良くなり仲間との関係も芽生えてくる者もいます。しかし、乳児期から幼児期前半における人との情緒的交流の欠如は自我形成上非常に大きな問題を残してしまうようです。そのため、できるだけ早期からの治療的介入が必要です。

実際に、障害児保育が始まった60年代後半から70年代前半頃には、交通事故や行方不明、迷子、自傷、他害行動など障害児の事故や問題行動などが頻繁に見られましたが、最近ではかなり少なくなってきました。それは、保育者が障害児を理解し、その接し方に習熟してきたことや、安全管理や設備条件が整ってきたこともあります。しかし、もっと大きな要因は発達早期からの養育支援やグループ療育、そして保育所や幼稚園における障害児保育等による指導や早期教育的アプローチ等が効を奏したものと思われます。60年代以前に施設や在宅児によく見られた非常に強い固執性を示す子どもや、自傷行動を繰り返す子ども、あるいは常同行動に耽る子どもなどは、最近、保育所や幼稚園ではほとんど見られなくなりました。子どもにとってノーマルな環境、つまり地域の子どもたちとの遊びや、日課をともに過ごすといった日常的な関わりが、人として生きていくうえで必要な素質や能力を自然に身につけていく土壌となっていることが、この40数年間の障害児保育の実践を通じて報告されたさまざまなケースが物語っていると思います。

ＡＳＤの精神療法的アプローチ

かつてＡＳＤの原因が養育環境にあり、精神的な要因によって心を固く閉ざしている状態とし、精神分析的なアプローチが主流とされていた時代がありました（B・ベッテルハイム、1975）。また、1960年代に自閉症は、中枢神経系の未熟あるいは機能障害に起因するといった学説に基づいた指導プログラムTEACCH（Treatment Education of Autisitic and related Communication handicapped Children: E.Schopler, 1964）が出されました。その他にも感覚統合訓練法、動作訓練法、認知行動療法等、さまざまな方法が試みられてきました。精神分析的な方法に対して、これらの行動療法的手法は目覚しく効果を発揮したかのように思われました。つまり、保育所や幼稚園、学校などの集団生活や一般の社会で必要とされる、基本的生活動作の獲得や社会的マナーやスキルを身につけるためには非常に効果的であり、行動評定によって実際に効果を測定することができるなど、行動療法に基くASDの療育が確立したかのように見えました。

しかし、ASDの療育で今まで見落とされていた領域の問題がありました。見落とされていたと言うよりも、むしろその扱いが難しく避けられていた問題がクローズアップされるようになったのです。ASD児が少年期から思春期、そして、青年期に生じる人間関係におけるさまざまな問題です。つまり、人の心が読めないあるいは社会通念や暗黙の了解の欠如などです。このような問題は特に知的に高い高機能ASDやかつてアスペルガー症候群と言われた人たちに顕著な問題として浮き上がってきたのです。

早期からの発達支援と障害児保育などによって、ASD児の予後が大きく改善されてきた昨今、多くのASD者の軽症化と問題行動の改善が認められ、多くの人たちの社会参加が可能になってきています。このような症状の変化に伴って、ASD児の療育の到達点も変化してきたように思われます。

つまり、ＡＳＤ児の心の問題がかつて扱われたような病理的な要因によるものではなく、脳機能的や認知機能に起因する精神発達的な問題と、二次的障害としての精神病理的な問題としてアプローチがなされるようになってきました（P.Fonagy, 2008）。ＡＳＤ児の心の問題に対しては、古典的な精神分析的解釈に基づく方法ではなく、最近めざましく発展しつつある、乳幼児精神医学の領域からの精神療法的なアプローチが注目されています。つまり、母子間の情緒的交流や対人認知の形成などの知見は、発達初期における情緒的交流や自我あるいは自己の芽生えなど、基本的な対人関係についての緻密な研究が重ねられ、その発展性も目覚しいものが認められます。そして、これらの知見をＡＳＤ児の療育に生かすことの試みが最近活発になされるようになってきました。その成果に関する報告はまだ少ないですが、効果的かつ適切になされたならば、対人関係の質に関してより良い予後が期待されます。つまり5年後、10年後のＡＳＤの人たちの生活の質（ＱＯＬ）を見据えた支援のあり方を考えてゆくことも不可能ではないでしょう。

発達課題と発達支援

対人関係に障害のあるＡＳＤの幼児後期については、まず家庭や集団生活の中で生活するための生活動作や生活習慣を修得することが重要な発達目標となるでしょう。このような基本的な身辺処理能力は早く獲得しておくに越したことはありません。ただ、早過ぎる指導は良くないのみならず、さまざまな発達上の問題を引き起こす要因となることもあります。しかし、これらの基礎的能力を獲得しておかなければ次の発達課題に取り組めないものも少なくありません。排泄や着脱、食事、整理整頓、そして生活ルールの理解に基づいた行動が自発的にできることが、集団生活の中で意欲的な遊びへの参加や持続的参加につながっていきます。つまり、自分の身の回りのことは自分でコントロールしたり適切な処理ができたりするということは集団参加のチャンスに関わる重要な課題なのです。

もちろん、障害によっては他の子どもたちと同様な自立的行動ができない場合もあり、そのような子どもに対しては、基本的な生活習慣や身辺処理能力の獲得を先延ばしにした発達の課題としながら、他児との関係を保育者が媒介となって形成していくことが、もう一方で重要な課題となってきます。そこで、障害のある子どものハンディキャップを適切に援助し補うことができる周りの集団形成が重要な意味を持ってきます。適切な援助関係からは双方の成長が期待できるでしょう。しかし、不適切な援助は、周りの子どもたちには尊大な偽善を、障害を持つ子どもにとってはストレスを増長し、また依存心を植え付けてしまう可能性もあります。「ともに育ち合う」集団形成は非常に重要な課題であり、これがうまくいくと集団の中で子ども同士の協調性や共感性、対人的なスキルの獲得、そして人と関わる楽しさやともに生きる喜びなどをしっかりと育てることができるでしょう。

次に、ＡＳＤの子どもについては、対人関係を改善していくことが最も重要なことであることは自明なのですが、90年代に入って成人したＡＳＤ者の幼児期における手記が刊行されるに及んで、その内的体験世界がリアルにつかめるようになってきました。それは、以前から多くの研究者が考えていたものとはずいぶん異なり、非常に豊かで、純粋で、美しい世界や騒音と混乱に満ちた世界、そして恐怖と不安に押しつぶされそうな体験をしていると著されており、すべてのＡＳＤの人たちが同じ体験をしているわけではありませんが、彼らを理解するうえで非常に参考になり、日常的な関わりや支援の方法も大きく変更が加えられてきました。

従来までの支援は、将来必要な社会的スキルを獲得させ、さまざまな行動や動作、態度の形成をはかるといった行動主義的な方法論が多く取り入れられてきましたが、これらの方法ではどうしても心の問題が残ってしまい、対人的なトラブルを減らすことができませんでした。これがＡＳＤの特徴だと言ってしまえばそれまでなのですが、「心の理論」や「愛着理論」に基づいたさまざまな試みもなされ始めています。これらの方法はまだ確立したものはなく、具体的な方法論はこれから研究が進んでいくものと考えられます。

高機能ＡＳＤ児の予後

高機能の自閉的傾向を持つ子どもたちの予後については、まだ研究は十分に進んでいないために分からないことの方が多いのが現状ですが、研究者らの調査では、その3分の2以上の子どもが何らかのいじめに遭って、さまざまな心的外傷を受けているという報告がされています（多田・杉山ら、１９９８）。彼らの言動にはやや特異なところがあるために、いじめの対象になりやすいのでしょう。いじめ経験による二次的障害を極力起こさないためにも、障害の理解と適切な支援体制が必要だと思います。どのような環境に置かれるかによって、このような特徴を持つ子どもたちの予後は大きく変わるのです。しかし、多くの人たちがＡＳＤのことを正しく理解し、受け入れられるようになるのにはまだまだ多大な努力と時間がかかるように思われます。

１９８８年にアメリカで製作された映画『レインマン』は、名優ダスティン・ホフマンが高機能自閉症の役を見事に演じ、全米で大ヒットをしました。日本でも上映され、またビデオ化され、たくさんの人々が自閉症への理解を深めるのに一役を担いました。その後、映画『学校Ⅲ』（１９９８年／松竹、日本テレビ）やテレビドラマ『君が教えてくれたこと』（２０００年／ＴＢＳ）、『光とともに』（２００４年／日本テレビ）など、次々とＡＳＤの人たちが登場する作品が制作され、ＡＳＤの人たちやその家族の日常生活や学校での対人関係の様子が多くの人たちに知られるようになってきました。また、障害児保育や統合教育によって幼稚園や保育所で幼児期をともに過ごした子どもや、小学校でクラスにＡＳＤ児が在籍していて一緒に勉強をした経験のある人たちも増えてきています。とは言っても、まだまだ彼らへの理解度は不十分であり友達として、あるいは同僚や隣人として自然に受け入れられるほどの理解には至っていないようです。

２０００年に東北のＳ市で保育士を志す学生や社会人約３００人を対象に「自閉症児の特徴について」調査をする機会がありました。そこで多くの学生に見られた回答は「神経質」「パニックになる」「落ち着きがない」「奇声を発する」「自分の世界に閉じこもる」「性格的に暗い」「特定の分野で優れた能力を持つ」といったものでした。その後10年を経た東海地方の大学で、卒業論文のために同様の調査が行われました。その結果、ＡＳＤ児との接触頻度や理解度が差別や偏見と強い負の相関を示しており、ＡＳＤ児と関わることや知ることが理解を深め差別意識をなくすことを明らかに示していたのです。このようなことからもＡＳＤ児への関わりと知識の重要性を改めて認識させられました。

ＡＳＤのさまざまないわゆる不適切な行動は、外見上の行動としては異様に見えるものもあるかもしれません。たとえば、物にこだわる傾向あるいは感覚が非常に過敏で、いつもの履き慣れた靴がないために、代わりの靴の違和感に耐えられず、玄関先でパニックになり学校へ行くことができない。また、保育室の扉の少しの隙間を気にして、他児が出入りする度に少しでも隙間が空いているときっちりと閉めに行く。騒がしい子どもの集団の中で、耳ふさぎをする。あるいは、延々と一見無意味な常同行動を繰り返す、といったことなどが奇異な行動や神経質と映るのでしょう。つまり、ＡＳＤ者の特徴や症状を知らないほとんどの人にとってはそう見えるでしょう。そして、これらの行動はＡＳＤの特徴が理解されていなかった時代においては、歪んだ対人評価を生み、対人関係においてさまざまなストレスを生む結果となっていることも多かったのでしょう。

ＡＳＤの人にとっては、対人関係が適切な環境に置かれることが、予後の生活の質（ＱＯＬ）を高めるカギになるでしょう。つまり、ＡＳＤ児にとっては戸惑いと不安に満ちた集団の混沌とした動きの中にもルールがあることに気づくと、それに少しずつ合わせることによって場面的な参加を体験することができるようになります。そして、そのような状態を保つことで集団に受け入れられスムーズな対人交渉を実感でき、多少の逸脱を許容し無視できるような雰囲気を持つ対人関係が周りに形成されれば、その集団を基盤に乗り越えるべき適応課題に取り組めるのではないかと思われます。一般の規範や常識などから少しでも逸脱することを批判したり異様なものとして排除したり、からかいや差別あるいはストレス解消に利用されるいじめの対象になるような集団の中では、ＡＳＤ児は成長していけないでしょう。

しかし、現実のＡＳＤの子どもたちの成長していく姿はさまざまで、その状態や時期あるいは体験する人間関係や指導の質によっても大きく異なってきます。これまでの見解からは「広汎性発達障害（自閉症）は治らない」というのが定説でした。確かに、高機能ＡＳＤの人は知的レベルが高く社会適応もよく、かなり改善しますが、自閉的な特徴は完全には消え去らないケースが多いようです。しかし、これまでに乳幼児期から適切なケアを受けてきたＡＳＤの人たちが、固有の才能を生かして社会的な成果をあげている例がたくさん見られるようになりました。少しこだわりが強く人との付き合いが苦手ですが、なんとか仕事も家庭も立派に営んでいる人はたくさんいます。割合はまだ少数ですが早期からの適切な環境によって、このような優れた才能を生かした社会適応が期待できるのではないかと思います。つまり、乳幼児期からの適切な環境と支援があれば彼らの予後は随分違った状態が期待されるでしょう。

ＤＳＭ‐５における「自閉スペクトラム症」の診断では、いわゆる自閉症状としてのいくつかの特徴が限りなく薄い場合であっても、なんらかの対人関係の障害や社会不適応につながるか否かによって、症状として扱うか個性的な特徴として評価するかを判断するので、適応しにくい環境においてはその特徴が病理にもなりえます。一方、問題とならなければ独自の個性として評価もできるわけです。実際に、そのような特徴があっても非常に優れた能力をもって優秀な社会的成果を納めている人々がたくさんいます。一方、二次的な障害により特に精神的な病理を発症し闘病生活を余儀なくされている人もたくさんいます。我々は後者のような人々を作らない人的・物的環境を整えていかなければならないのです。

これまでにも、早期（保育所での産休明け保育は生後3か月）からの集団生活を通して飛躍的な改善を遂げた多くのＡＳＤの幼児に出会ってきました。保育所において、乳児期に反応の乏しさ、母子分離不安や愛着行動の欠如、指示の入りにくさなど、1歳前後にはその異変に気づきながらさまざまな配慮をしていても、その特徴が明確になってくるのは1歳半から2歳頃です。この頃からこだわりや知覚反応の特徴が徐々に明確になってくるからです。そして、筆者のような発達相談を担当する臨床心理士が幼児健診や発達相談を通じて、その特徴を明確にしながら医療機関での診察を勧奨します。診断が下されると、2歳児（未満児保育）から加配職員をつけて指導を行っていきます。

乳児期から保育所を利用している場合は、専門知識を持った保育士が配置されることにより、早期からその特徴を把握し二次的障害が生じないような保育を行うことでかなりの予防が期待されます。そして、親御さんとの共通理解と適切な家庭での養育環境を構成していくことが可能になります。早期からのケアが可能なシステムとして、超早期におけるチェック体制と発達の専門的知識とケアスキルを身につけた保育士の養成は必修の要件だと思います。

病院や専門機関での対人的刺激の乏しい療育環境で、週1回や数回の通園治療では限界があると思います。一方、保育所では、子ども同士や保育士との日々の情緒的関わりがあり、早期にこだわりや認知の問題、あるいは奇異な言葉の使い方などが、遊びや保育、生活の中で絶えず自然に修正されたり、ＡＳＤ児が使用する言葉がそのまま共通のコミュニケーション手段となってしまったりすることで、行動、言語、認知様式までもがいわゆる社会化されていくでしょう。そして、いくつかのケースでは5歳の卒園前ぐらいまでには、日常生活においてほとんど問題を感じさせないくらいに改善（集団適応）する子どもがいるのは事実です。ＡＳＤの分布をスペクトル（連続）とするならば、境界から限りなくノーマル領域への状態の移行はありえるでしょう。

法的整備と福祉施策の進展、そして新たな課題

近年になって発達障害者支援法（２００５）などの法整備と福祉施策の前進、医療・教育の発展および少子化のために待機児童は減り、障害児の入所もスムーズになりました。障害児保育が始まった頃の保育行政の貧困と混乱は改善されたように見えます。しかし、その後急激に増大した被虐待児の対応問題、そして発達障害児の療育等の福祉施策が進んできたことによって新たに浮上してきた問題があります。たとえば乳幼児健診によって早期に発見された障害児のフォローについては児童発達支援センターなどの支援システムの整備が進んでいますが、まだ多くの市町村において健診精度に問題があり、そのために見落とされたり、発見されても専門的な療育が未整備あるいは不足しているためにフォローができない状態であったりと、まだ十分に早期支援システムが機能しているとは言えないでしょう。

２００５年4月1日に施行された発達障害者支援法は、それまで福祉と教育の谷間に置き去りにされてきた発達障害者（自閉スペクトラム症）の福祉的処遇や教育的支援の問題を一挙に前進させたと評価できるでしょう。特に従来言われてきた軽度発達障害や高機能発達障害の人たちへの福祉的サービスと教育的配慮について明文化されており、幼児期から成人に至るまでの一貫した支援体制の整備

が法的にも保障されることになったのです。

一方、法的な体制が整ったところで、今後の大きな課題が突きつけられました。つまり、治らない障害として診断されてきた自閉症（ＡＳＤ）が、今度はスペクトラムという非常に幅のある状態であることが示され、ＡＳＤの人たちの可能性の拡大とともにいかなる形で社会に適応していけるように支援していくのかが大きな課題となりました。適材適所のためのアセスメントをしていくことと、適切で到達可能な目標に向けた支援プログラムを整備していくことが急務でしょう。学童期については特別支援教育の２本柱が個別の特別支援計画と個別支援計画ですが、後者がこの課題を進めていくものです。学校における具体的な支援計画が、個々の発達特性に合わせて検討されていくことが、今後期待されるところです。

第7章　ASD児を取り巻く集団形成

1　ASD児とクラスの子どもたちの関わり

身体的な障害のある子どもをクラスに迎えたときの周りの子どもたちの反応はさまざまです。歩けない、見えない、など外見上ハンディキャップが明らかな場合は、最初の出会いは子どもたちにとっても大きなショックであり、どう関わっていいのか分からず、さまざまな戸惑いがあるでしょう。ある保育所で、入所してきた障害児に対して、見た目から相手を傷つけるような表現をした子どもがいました。子どもはその言葉が相手に与える影響を考えずに思ったままを口に出してしまったのです。先生が障害について、そして、これからずっと生活をともにする仲間であること、また、言葉による暴力の意味と、それによって受ける相手の心の痛みについて、分かりやすく話してきかせました。子どもは反省し、障害のある子に近づいて、「ごめんね」と心から謝ったそうです。

一方、ASD児の集団の中での特徴は、他児との遊びに入れない、情緒的交流が難しい、突然かんしゃくを起こしたり玩具箱をひっくり返したりする、ルールを守らずかき乱してしまう、ひとりで常同行動に耽るなど、見た目では分からないコミュニケーションにおける困難であり、子どもたちには理解しづらいことが多くあります。

●クラスの子どもたちと一緒に「ごちそうさま」を覚えたF２くん

東北のＳ市にある保育所の４歳児クラスに、重度のＡＳＤ児Ｆ２くんが入ってきました。母親は東南アジア系の方で、日本人である父親は海外に支社を持つ商社に勤めており、月に１度ぐらいしか家には戻ってきません。母親は、言葉が通じないために地域でも孤立し、子どもが保育所に行っている間も、園での様子が心配でひとりで家に居られず、子どものそばでずっと見守っていたいと不安を訴えていました。園長の配慮で、しばらくの間、保育中Ｆ２くんに付き添うことが許可されました。

年中クラスの子どもたちは、母親に付き添われたＦ２くんを見て、自分の親が恋しくなったり、やきもちを焼いたりすることなく、その親子を温かく受け入れていました。あるとき、クラスの子どもたちが「Ｆ２くん、何か言ってるよ」「……そしたら、〃いただきます〃も〃ごちそうさま〃も言えるんじゃない」と言って、隣に座っている子どもがＦ２くんに何度か〃ごちそうさま〃を言わせようとしました。すると、なかなかその意図がＦ２くんに伝わらず最初はポカンとしていましたが、何度か繰り返しているうちに手を合わせる動作を真似るようになったのです。そして、何やら「ごーさま」といった不明瞭ではありますが挨拶をするようになりました。

ほとんど視線も合わず言葉もないＦ２くんに、いきなり挨拶を教えるのは強引だと思っていた担任の先生は、子どもたちの感性の鋭さに非常に感激していました。また、Ｆ２くんが挨拶をするようになったとき、クラスの子どもたちの喜びは非常に大きなものでした。クラスのみんなで「できた！

できた！」と拍手を送ったのです。しかし、F2くんは何が起きたのかわからず、きょとんとしていました。

●見立て遊びでクラスになじんだVくん

第5章でも取り上げた4歳男児のVくんです。この幼児は高機能のASD児と考えられます。児童相談所の診断でも、「広汎性発達障害」でした。Vくんが年末の日曜日に父親と百貨店に買い物に行ったときのことです。お歳暮シーズンで大勢の客で込み合っており、エレベータの中も身動きできないほど混雑していました。このエレベータの中でVくんは人をかきわけて必死の思いで9階のボタンを押しに行ったのです。ぎゅうぎゅう詰めのエレベータの中で、Vくんの行動があまりにも強引であったため、そこにいた年配の男性がVくんの行動と父親を咎めましたが、Vくんはなぜ怒られたのか、まったく理解できませんでした。父親はその場で謝まり、家に戻ってから、Vくんの行動について注意をし、マナーについて説明しましたが、Vくんは納得できませんでした。そして、「僕は間違ってなんかいない」と、自分の行動の正当性を主張したそうです。というのも、自宅はマンションの9階にあり、エレベータに乗るときは、必ずVくんが9階のボタンを押していたからです。つまり、このときもVくんは自分のルールに従っただけなのです。自分のルールに基づいた行動を阻止する者の方がむしろ間違っており、注意すべき対象だと思っていたのです。

この幼児は入所直後からひとりで園内をウロウロして、すべての部屋に入って物色をしていました。保育所中を隅々まで調べていたのでしょう。一通りの探索の時期が終わると、自分の部屋に居ることが多くなりました。やがて2～3人の仲良しができて一緒に一輪車を押して園庭を走り回ったり、他児の後をつけまわしたりして遊ぶことが多くなっていきました。このような関係はVくんにとってクラスへの帰属意識の芽生えと、その他の子どもたちとのつながりを形成するきっかけともなったのです。また、自分なりのイメージで新しい遊びを次々と作って楽しんでいるVくんを興味深く見ていたクラスの子どもたちは、やがて彼を真似て遊び始め、Vくんは遊びの中心となり得意げな様子でした。

●ダウン症のG２くんを見守るクラスの子どもたち

もうひとつ、障害児をとりまく集団の育ちについてのエピソードを挙げておきましょう。3歳児で保育所に入ったダウン症のG２くんはクラスの子どもたち全員に守られて2年半余りを過ごしてきました。G２くんはまだ排泄、着脱、食事などに少し介助が必要で、言葉はまだ喋れませんが、指示があれば日常的な事柄は処理できる5歳児です。あるとき、保育士の研修会があり、障害児担当の保育士にとって重要な内容でした。通常は主担の保育士と障害児担当の2人体制ですが、他の支援保育士はその日は期待することができず、クラスの子どもたちにそのことを相談したのです。すると、いろいろな意見が子どもたちから出された後に、「先生、G２くんは僕たちみんなで、見守ってあげているから、研修会にいっておいで」と言ってくれたそうです。その保育士は、クラスの子どもたちがこのように育ってきたことをうれしく思い、子どもたちにG２くんのことを頼んで研修会に行くことにしました。しかし、少し心配だったので所長にもクラスの安全確認だけを頼んでおきました。毎日朝から夕方まで生活をともにし、障害のあるG２くんを知り尽くしているからこそ、クラスの子どもたちはこのような態度がとれたのでしょう。

このようなクラス集団は1か月や2か月で形成されるものではありません。G2くんがこの保育所に入所し、クラスの子どもたちがG2くんと最初に出会ってから、2年半さまざまな過程をたどらなければ到達できなかったでしょう。その過程を導くのが保育士の役割なのです。いわばパイロット（水先案内人）としての役割です。障害児を取り巻く集団が育つには一定の期間が必要でしょう。

2　集団内で気になる子ども

子どもたちのさまざまな「気になる」様子

2000年に入った頃から多発し始めた少年事件などで、いわゆる〝キレる〟子どもが問題になっていましたが、保育所や幼稚園でもこのような子どもがすでに話題になっており、集団の中でのさまざまな行動や情緒的な問題が報告されています。

●草笛をうまく鳴らせなかったH2くん

4歳男児H2くんの保育所での一場面です。クラスのみんなで草笛を作って遊んでいました。クラスの子どもたちは次々と草笛を吹き鳴らすことができるようになっていくのですが、H2くんはなかなかうまく鳴らせず、だんだんとイライラしてくる様子が端から見ていてもよく分かりました。そのうちに、H２くんは急に笛を床に投げつけて外に飛び出してしまったのです。そして、砂場に置いてあったスコップを振り回して奇声を上げて大暴れし始めました。近くに０歳児がいて危険なので、先生がなだめに行きますが、なかなかおさまりません。そのうちガラスを割ろうとしたので保育者がすかさずスコップを取り上げました。

その保育士は、H２くんを促して、もう一度、笛作りに挑戦させてみました。H２くんは気をとり直して何度もやってみますが、やはりスースーと息の音しか出ない、またキレそうになる、泣きそうにもなる。端から見ていても、本児の中では笛を放棄して逃げ出したい気持ちと何とかして鳴らしたい気持ちが葛藤し、必死で頑張っているのが手に取るように分かりました。そして、やっと小さな音だけれども、かすかにプーと鳴ったのです。すると、それまでのH２くんの苦渋に満ちた表情が急に普段の顔になって、さらに２〜３回鳴ると、H２くんは突然「鳴らしたくない！」といって立ち去ってしまったのです。H２くんは、ストレス耐性が低く、そして反復試行を経て自己の向上に励むといった態度が不足していたのです。やっと笛を鳴らすことができて、素直に喜びさらに練習を積むのかと思いきや、急にやめてしまったのです。

●積み木箱を投げつけようとした５歳男児

また、５歳児の男の子ですが、自分の使っている積み木をひとつ取られたからといって、相手を突き飛ばし、さらに大きな積み木箱を振りかざして相手の頭をめがけて投げつけようとしました。保育士が間一髪で食い止め、大事には至らずに済みました。

筆者は、目の前で突然起きたこの出来事に息を呑む思いでただ見ているだけで、手も出せない状態でした。担当の先生は「いつもこうなんですよ」と、そのときはさりげなく言っていましたが、ひとつ間違えば大事件になるようなことが、日常的に起きていることを知ってぞっとしました。

人との関わりに障害を持つ子どもたち

最近、以上に述べてきたような場面に保育所や幼稚園で直面したり、相談を受けることも多くなりました。改めて考えさせられることは、もうこの時期から〝キレる〟子どもがいることです。子ども同士の玩具の取り合いや喧嘩とは少し様相が異なっています。それは自己中心かつ一方的で、社会的ルールを無視した容赦のない、あるいは手加減をしない行動です。相手との力関係で生じるというよりは自分の領域を侵害されたときに、介入者に対してまるで侵入物を容赦なく排除するようなニュアンスを帯びていることです。あるいは、自分の心の中に生じたストレスを抑えることができず、状況とは関係なく即座に反応するといったものです。

一方、エネルギーの低い、〝気になる子ども〟の中には、一時期強い依存傾向を示し、母親と少し離れるとしがみつくといった、強い分離不安を示す子どもがいます。母親は自分を置いてどこかに行ってしまうのではないかといった不安を持っているのです。そして、このような状態がしばらく続き、強い分離不安がなくなると、次は自ら行動しようとしない、無気力、無表情、無反応といった状態になってしまいます。母親や父親との情緒的な絆がしっかりと形成されず、人や物に対する興味や楽しみ方を学習することができなかった子どもでしょう。そして、安心して居ることができるための基地となる人（母性的対象）の不在です。物理的に母親や父親がいても、守られている、そして受け止められている感覚を持つことが難しい子どもです。

このような情緒的反応の乏しさを持っている場合、早い時期からしっかりと子どもの甘えや依存欲求を適切に受け止め、安定した質の良い愛着関係を形成するように関わっていくことができれば、多くのケースの症状はかなり改善します。しかし、たまに不安症状や多動傾向、パニックは治まったが、人との関係が一向に深まらない子どもがいます。

つまり、集団の中で人との関わりが気になる子どもの中には、以上に挙げたような、さまざまな幼児期の体験や劣悪な環境によって行動や情緒的な問題を示すようになる子どもたちの他に、脳機能における何らかの障害があり、人との関係の持ち方や、対人的な認知の障害やコミュニケーションに質的な障害を示す一群の子どもたちがいます。このような子どもたちは保育の難しさを持つ子どもとして、対人関係の希薄さ、あるいは情緒的交流の難しさを持ち、そのほとんどはまだ解明はされていませんが、脳機能の要因があり、幼児期までにその症状が発現し、その多くはＡＳＤと診断される子どもです。

3　ＡＳＤ児の保育

ＡＳＤ児の保育の留意点

ここで、ＡＳＤ児の保育について、特に次のような点を強調しておきたいと思います。ＡＳＤの特徴として対人関係障害、認知障害、こだわりや常同行動、コミュニケーションの障害といったものが挙げられていますが、これらの特徴は時とともに軽減し解消するものから、さまざまな程度の傾向として成人に至るまで残るものもあります。また、こだわりの対象が突然変わり、その後対象が転々とする者、そして一定のこだわりがさらに強化する者もいます。予後の違いは子どもの側の要因と環境要因などによってさまざまな様態を呈します。ここで予後についての予測は困難ですが、その後の生活や発達にマイナスの要因になるものはできるだけ早期にその傾向を軽減しておくことが重要でしょう。なぜなら、成長とともにその傾向は固定化し改善するために要する時間と労力は累乗的に増すからです。

そのためにも、早期から周りのさまざまな事象に対する興味と関心を持つよう配慮を行い、単一な狭い領域への強い興味にはまり込んで他の周辺領域の事象がまったく目に入らない状態を作らないように注意し、できるだけ早期から視野を広げていくよう配慮することが重要だと思います。なぜなら、幼児期はさまざまな周りの刺激を取り入れ、社会の中で人と交わって生活していくために必要なさまざまな力を短期間に吸収する時期で、この重要な時期における極端な興味の偏りや固執傾向は、後に社会適応の障害につながる恐れがあるからです。とは言え、この傾向を食い止めることは至難の業であることはほとんどのＡＳＤ児について言えることです。しかし、関わり方の工夫や配慮によってかなり軽減できることは多くの事例でも報告されています。ここで重要なのは、この特徴的行動を軽減していくための関わりの過程で起こる内的な変化や対人的な関係性の深化なのです。つまり、質の変化が大切なのです。

ＡＳＤ児の保育における情緒的交流の重要性

保育所における保育では、まず子どもが日常的な生活や遊びを通じて集団内での対人関係をうまく結んだり、さまざまな社会的スキルを身につけたり、日々繰り返し行われる生活習慣や身の回りのことを処理する能力を養うことなどの基本的なことは、当然重要なこととしてデイリープログラムに組み込まれています。ここで最も大切にしておかなければならないことは、人との情緒的交流ができるようになるための配慮と支援を行っていくことでしょう。この情緒的交流は、子どもが集団の中で生活していくうえで必要なさまざまな能力やスキルを身につけていく基本条件であり、養育者の意図や期待を的確にキャッチすることで、対人関係の調節機能の向上も期待できます。

すでに述べたことですが、情緒的交互交流の形成および対人調節機能を獲得するために、人生の最も初期に母と子の間において形成される依存・愛着関係をその出発点として、さまざまなやり取りが始まるのです。たとえば、カンシャクや泣き行動でしか要求を訴えることができなかった状態から、愛着対象が形成されると、その愛着対象への甘えや注意引き行動などによってさまざまな交流の形態や内容を確かめたりしながら、自己の発するシグナルが相手にどのように伝わるのかを知るのです。そして、内的衝動と結びついたさまざまなシグナルは、身振り動作などの要求手段となり、さらに日常生活や遊びを通じて多様な社会的行動を獲得していき（これは愛着対象への同一化や模倣による）、コミュニケーション手段の使用につながり、やがて言語の獲得に至るのです。

幼児期早期からの集団保育での生活体験はＡＳＤ児の中核的障害である固執傾向や情緒的交流の欠如を改善するためには非常に有効な環境であると思います。その理由としては、日々長時間、愛着対象としての保育者がいて、日常的な保育や養育を通じて、情緒的な関係をたっぷりと味わうことができ、周りにはいつも関わり世話をしてくれる子どもたちが必ず数名存在し、彼らは常に適切な社会的行動のモデルになります。また、毎日の生活の中で、遊びや生活動作を自然に楽しみながら繰り返し行うことができることは、さまざまな生活習慣や対人スキル、そしてその他の社会性を無理なく習得する非常に有効な場となるからです。

4　ＡＳＤ児の保育所集団への早期参加の意義

ここで、ＡＳＤ児の保育所での早期集団参加について少し触れておきたいと思います。障害児が保育所に障害児保育の対象として入所してくるのは、制度上ほとんど3歳児からですが、ＡＳＤ児が何歳から集団保育が可能か、どのような効果をもたらすかについては、現在のところ経験的な見解しかありません。筆者が関わっていたＡ市では、特に母親の就労要件で1歳や2歳から入所してくる子どもの中に保育所生活で不適応を起こし、相談にくるケースがあります。その中にはＡＳＤ児が毎年数名います。そのようなケースも含めて彼らの予後を見ていきましょう。

ＡＳＤ児の早期集団参加に不可欠な愛着対象の存在

ＡＳＤ児にとって、早期からの集団参加は本人たちに混乱をもたらし、集団参加拒否や対人回避傾向を強め、パニックや閉じこもりを強化する場合があると言われ、早期からの集団参加を好ましくないとする考え方が地域によってはごく最近までありました。一部の専門家や医師の間でもあります。しかし、筆者が保育所や幼稚園の子ども集団の中でＡＳＤ児と関わってきた40数年の経験の中では、早期に集団に参加したことによって、マイナスの影響を受けたケースには、ほとんど出会うことはありませんでした。むしろ、親御さんの方が不安になって母子分離が進まず、その状況に親御さん自身が耐えることができずに保育所に行くのをやめてしまったケースはいくつかありました。母子分離を終えて保育所で長時間過ごすようになると、ほとんどのケースは子ども集団に慣れ、一定の生活リズムと保育集団への適応の過程を歩んでいくことが確認できています。

確かに保育所の子ども集団の刺激は非常に強く、混乱に満ちています。しかし、子どもたちにとって遊びや食事など日々の生活を通して徐々に馴染んでいき、その意味や面白さなどを子ども自身の興味や発達の状態に合わせて取り込んでいくものです。ただそのときに決して無視できない重要な要素があります。それは、本書のテーマである愛着対象の存在です。集団の中で機能的に基地となる保育士がいることが馴染んでいくための必要条件になります。この条件が無ければ、ＡＳＤの子どもの集団参加は一部の専門家が強調するように、混乱と不安からパニックになったり、マイナスイメージの形成から周りとの関係も険悪なものになったりして、やがて悪循環を起こし、集団の刺激が恐怖に満ちた迫害的な認知を形成するものになりかねません。

「慣れる」ことに時間をかける

障害のある子どもが集団に入って最初に大切なことは、まず子ども自身が集団の動きやさまざまな子どもたちの特徴や雰囲気に慣れることです。そして、物理的にも対人的にも自分から主体的に関わりを求め、そして必要に応じて自由な活動と子どもたちとのやり取りができるようになることです。

つまり、集団生活全体に慣れることです。これには個人差がありますが、慣れるのに1年間ぐらいかかると、余裕を持って見ていくのがよいでしょう。つまり1年目はまさに、集団に「慣れる」ための期間なのです。特に、ＡＳＤ児にとって入所当初は、大集団の動きやルール、そして一人ひとりの動き、刻々と変わる状況など、すべてがまったく理解できず、戸惑いと不安の連続です。また、一旦形成した習慣や独自の行動を、環境の違う保育所や集団の場では、いつもと異なる方法でやらなければならないことも多いでしょう。そのようなとき、本人にとっては不本意な集団のルールに従わなければならない状況となり、場面的にパニックになったり、動かなくなったりするなど、本人や周りの者までがストレスフルな状況となるでしょう。そして、そのようなことが頻繁に起こると、登園拒否や家に引きこもってしまうこともあります。

保育所の生活の中で身につく社会的行動

基本的な社会的行動は、毎日同じ場面や状況で繰り返し体験することによって、その意義を見つけたり、習慣的に行動を身につけたりしていくものです。

たとえば、保育所に入って最初に守らなければならないことのひとつに上履きへの履き替えがあります。これは、言葉の理解が困難な子どもに説明してもなかなか理解できないでしょう。その経験をしたことのない子どもに対しては、上履きに履き替える行動の意味を教えるよりも、その行為を繰り返していくことによって習慣的に行動を身につけていくほうが効果的です。そのときに、毎回介助してくれる保育士やその周りにモデルとなる他児の行動が非常に重要な役割を果たしてくれるでしょう。周りの子どもたちが当然のごとく上履きに履き替えて、普段と変わりなく生活している姿は、その意義やメリットを説明する以上の説得力があります。

集団の中での遊びや日常生活動作（ＡＤＬ activity of daily living：着替え、食事、移動、トイレ、風呂、整理・整頓）については、繰り返し体験していくことにより、認知や操作力の向上とともに、日常生活動作を獲得し、生活場面での次の行動の見通しを持つことができるようになり、状況の変化や保育室の移動など、場面の変化にもスムーズに対応ができるようになっていきます。

ここで大切なことは、子どもが状況の変化を理解あるいは受け止めることができるようになるには、やはり、子どもの中に生じる混乱と不安を敏感に察知し受け止め、援助してくれる人の存在が必要であるということです。つまり、集団内において、子ども自身が受け止めることができない刺激からいつでも逃げ込むことができるシェルター、つまり「安全基地」を作っておくことが重要なのです。そして、その安全基地では集団内で処理しきれないたくさんの刺激を自分ひとりの力でコントロールできるようになるまでの間、気長に付き合ってくれる母性的対象となる存在が居ることが必要なのです。時間や日単位で担当保育士が頻繁に変わるような環境では、愛着関係は形成できないでしょう。つまり、乳幼児期の心の形成に必須条件であるこの愛着対象とは、いつもそばに居てくれることで安心感を与えてくれる特定の人であり、必要に応じて手助けしてくれたり、不安から身を守ってくれたりする対象と言えるでしょう。このような対象との日常生活場面での情緒的交流が自我形成の基礎を形成していくのです。

保育所におけるＡＳＤ児の特徴的な行動とその背景

保育所や幼稚園などの大きな集団に参入した当初、子どもは個々さまざまな状態を示します。クラスの子どもたちが静かに先生の話を聞いている場面では、他児と一緒にその場に座っていられますが、遊戯や、自由時間で子どもたちの声が騒がしいときや他児が動き回ったりしているときは、耳を塞いだり部屋から飛び出してしまう子どももいます。最初の１か月間、保育室にはまったく入らずに、園庭の隅っこや、裏庭の静かなところで過ごす子もいます。また、事務所に入り浸りの子や乳児用の室内ブランコに一日中乗っている子、遊戯室のトランポリンの上で身体をゆすって保育所生活の大半を過ごす子、各年齢クラスにある扇風機を一つひとつ眺めて廻る子など、ＡＳＤ児の多くの子どもが、自分にとって強い関心のある刺激を求める一方、嫌な刺激から逃れるためのさまざまな行動をします。安心できる場所や一定の刺激に没頭できるような場や物を探し、そこが安定基地のような役割を果たしている場合もあります。ＡＳＤの子どもにとってはそのような場所が最も心地よい安全な場となるのでしょう（ドナ・ウィリアム、１９９３）。

ブランコのゆれる爽快感、トランポリンで跳んでいる感覚や高く跳び上がったときの快感、扇風機の羽根の回転が作る一定のリズムのある縞模様、高いところから見下ろす孤高感とあるいは超越感。ＡＳＤ児の特徴的な行動に共通していることは、特有な感覚刺激への執着であり、自分にとって心地よい感覚を求めて、それを繰り返し体験するための場所や行動を選択しているのでしょう。

保育所での生活そのものは、子どもたちにとって、一定の枠の中で非常に対人接触密度の高い生活です。この高密度空間の中でＡＳＤ児が自己にとって感覚的快刺激を一貫して求めようとするのは非常に難しいことでしょう。しかし、それでも逞《たくま》しく、保育所の中に次々と気に入った刺激を見事に捜し出し、その刺激に浸り楽しんでいる姿を見かけます。たとえば、水場での排水遊び、換気扇の回転観察、扇風機やカセットテープの回転を楽しむ子ども、ボールの回転に耽る子どもなどです。

定型発達における幼児期は、新しい刺激に興味を持って接近し、自分にとって意味のあるものは取り入れ、そうでないものは無視するでしょう。そして、必要がなくなった情報や技法は捨て、より有効なものや新たな興味対象に更新していくのです。また、次々と変化していく周りの刺激を取捨選択し、その時点で自分にとって必要なものは利用していきます。その際、一つひとつを脈絡なくバラバラに取り入れるのではなく、独自の枠組みの中で一貫性と一定の秩序を保ち、整合性を検討しながら試行錯誤的に取り入れていくでしょう。それらがやがて自己の中で統合されるのは、幼児期ではなく学童後期になってからです（辻、２００１）。そこで、ＡＳＤ児の特徴としての、一定の行動パターン、儀式的行動、場所や方向そして形に固執し、一定の感覚刺激に耽る、また変化を避けようとする傾向が、発達上、あるいは自我形成上、どのような重大な問題を引き起こすのかは、想像に難くないと思います。

保育所における集団参加の利点

ＡＳＤ児の保育には、その初期段階ではいつも愛着対象がそばに居て、共同注視が成立するような関係を保つことが必要です。すなわち子どもが興味を持つ対象をタイミングよくキャッチし、それを共有し、驚いたり、身を竦《すく》めたり、笑ったりするといった共感的な関わり（marked mirroring）を日々積み重ねることや、いつもそばに居て声をかけ、眼差しを交わすなど、対人関係形成の基本的な体験を、日々の生活や自由遊び、あるいは設定された場面で効果的に行っていくことが重要です。保育所は、生活と遊びが十分にあり、日常の繰り返しの中で自然な形でそのような関わりができる施設でしょう。

乳児に対する以上のような関わりは、どの母親も自然に行っていると思われます。しかし、パニックを頻繁に繰り返す、たえず動き回って落ち着きがない、あるいは、ほとんど反応がないなどの発達障害に伴うさまざまな特徴や行動を強く示す場合、一対一で適切な関わりを維持することは非常に難しくなってきます。

ＡＳＤのさまざまな特徴は対人ストレスや混乱の原因となり、双方の苛立ちや不満を増大させ、関係性の悪化や養育困難などをもたらし、不適切な養育態度に結びついてしまう場合が往々にしてあります。そして、子どもと養育者間で悪循環を起こしてしまうことがよくあります。このような場合、親御さんだけで困難な問題を解決することには限界があるでしょう。もちろん、専門的な援助も利用できますが、このような問題の改善は非常に困難を伴います。遊戯療法や教育プログラム、認知行動療法、動作法などさまざまな方法がありますが、プレイルームで行う治療目標や限定された方法には限界があります。自然な環境や生活の中で子ども集団のダイナミクスを借りてモデリングと日々の繰り返しによって根気よく社会的行動を獲得していくことが適切な方法でしょう。

保育所にはさまざまな年齢の子どもたちがいて、そこで楽しそうな生活や遊びをしています。また、2歳児クラス、4歳児クラス、あるいは乳児室など、どのクラスに行っても受け止めてくれる複数の保育士がいます。単数担任の保育室で1人の保育士が大勢の子どもたちに気を奪われているクラスにはASD児は入って行かないでしょう。むしろ、何人かの保育者がゆったりと座り込んで静かに過ごしている乳児クラスに入って行きます。そこで、ひとりで静かな部屋の隅の室内ブランコに乗って過ごしたり、積んである布団の上に寝転がったりして過ごしている光景をよく目にします。

このようにASD児にとって、保育所には居心地のよい静かな場所が随所にあり、最も気に入った場所を居場所としながら、大きな集団の刺激を徐々に受け止めることができるまでの間、気持ちの建て直しをしたり、心の調整や安定を図ったりしているようです。そして、それぞれの居場所には乳児担当の先生や調理師の先生、事務室の所長や主任先生がそれぞれの仕事をしながら温かく迎えてくれます。

5　保育者の自己実現

ときには子どもとの相性を優先する

障害児保育を担当する保育者として、障害児の持つ問題の改善に向けて、専門的な関わりと配慮をしていくことは職業的な使命です。そして、日々の保育を通じて子どもたちがさまざまな場面で、その成長した姿を示してくれることは保育者としてのアイデンティティーを満たしてくれるでしょう。また、子どもたちが保育の場面に適応していく姿や、設定保育や生活の場面で示すさまざまな表情や反応を確認することで、保育の効果や自己の保育方法の妥当性を確かめていくことができるでしょう。一方、このような確かな手だてが得られない場合、子どもに反応がない、表情の変化がない、情緒的なつながりがなかなか形成できないといった状態は、保育者に大きなストレスをもたらすでしょう。そして、このストレスから生じる感情は、親御さんが感じる不安や、絶望感、悲哀感と共通する部分もあります。しかし、その深さや質は親御さんが感じているものとは大きく異なるでしょう。

また、保育者にとってそれは、あせりや、不全感、職業的アイデンティティーの喪失感などの入り交じったものかもしれません。このような状態のときは、熱心に取り組めば取り組むほどストレスは高まってしまい、中にはノイローゼになってしまう保育者もいます。あるいは、まったく自信をなくし、保育者としての役割を果たしているのだろうかといった不安を抱き、障害児の担当を他の保育者に替えてもらうことを希望する者もいます。

このような考えは非常に古めかしい非科学的なものかもしれませんが、人と人の間には〝相性〟というものがあるようです。「この子の気持ちがどうしてもつかめない」「ちっとも懐《なつ》いてくれない」「愛着心が湧いてこない」「かわいいと思えない」このような感情を抱く場合、どこか気持ちがかみ合わなくて、関わりそのものが負担になってしまいます。子どもは人を癒す力を持っているものですが、一向に癒されません。いくら改善を図るべく努力をしてもこのような感情が湧いてくるようであれば、担当を替わった方がよいでしょう。無理に合わせようとすると、双方の負担はさらに増大し、きわめて貴重な子どもの成長の機会を逸することになるからです。子どもの方から積極的に愛着行動を向ける保育士が他にいるならば、その保育士に担当を替わった方が自然でしょう。愛着対象との活発な情緒的交流が繰り広げられることが、発達の基本的な条件であり、特にＡＳＤの場合は最も重要なことです。

子どもとともに育つ自己達成感

●担当児との新たな「出会い」

次に示すのは、事例研究会での障害児担当保育士が報告した「まとめ」からの引用です。

「ＡＳＤ児の保育実践を通じて、子どもとの情緒的なつながりを形成するには、どうしたらよいのだろうか。暗中模索の中でそのような問いかけを絶えずしながら、日々の保育の中で試行錯誤を行ってきた。そして、本児にかすかな変化が見え始めたのは2年目に入ってからでした。私と気持ちが通じ合うような兆しが見え始めた。つまり、本児の好きなトランポリンを中断しようとしたとき、さらに続けるよう要求するようになりました。保育士の袖をひっぱり座らせて、両手を差し出して抱っこを要求するので、抱っこをして揺さぶってやるとキャッキャと声を上げて喜ぶような場面も見られるようになった」

情緒的交流がまったくなかった状態から、１年余りの関わりの末にやっとこのような反応が見られ、その後さらに活性化していくとともに、子どもの方から積極的な模倣行動や要求行動も増え、保育士の目をしっかりと見つめ、さまざまな要求をしぐさや表情によって訴えるようになったのです。子どもの側から示されるさまざまなサインは毎日見ている保育士にはよく分かりました。意思疎通の向上とともに豊かな表情や適応行動が見られるようになりました。

保育士が障害児と関わっていて、子どもが使用するサインが分かり、そして保育士が示すさまざまなジェスチャーや表情を子どもが読み取るといった関係が基盤になり、初めて情緒の交流が成り立つのでしょう。保育士自身のこのような活発な子どもとの関わりは「保育所での生活や遊びが楽しくてしかたがない」といった気持ちにまで発展していったのです。そして、ＡＳＤ児との情緒的交流が活発に営まれるようになったとき、同時に子ども自身の表情も分化し、喜怒哀楽の感情表現も豊かになっていることが確認できたのです。

このように、つまり長期にわたる努力の末にやっと保育者自身が子どもと共感し合える体験ができたとき、大きな安堵感や満足感が得られ、子どもと心の通い合う関係へと質的な変化が遂げられたことを確信できるでしょう。このような変化が確認できるまでは、子どもの状態がつかみきれず、大きなストレスを抱えながら心身ともに疲労困憊し、苦しい道のりを歩んできたに違いありません。しかし、子どもの心が少しでも「分かるようになった」とき、子どもとの関係は今までとはずいぶん違ったものとなっていたのです。保育が「楽しくてしかたがない」と言ったその保育士の表現からも、そのときの体験はまさに「心が通わない子ども」が心を開き、お互いの気持ちが通う一個の人となった子どもとの「出会い」の体験だったのでしょう。

●子離れのつらさも自己実現の一部

「I2くんが私の膝の上から離れて行ってしまう」そう言って、担当の保育士が相談に来たのはI2くんを担当して2年目（4～5歳）の後半頃です。「この前まではぴったりと気持ちが合い、いつもわたしに心を向けてくれていたのに、最近、I2くんとどこかかみ合わないような気がします」。いつもそばにいて日常生活や遊びに付き合っていくことによって、最初の不安な時期を乗り越え、徐々にやり取り関係がつくようになり、行動も少しは予測できるようになってI2くんの気持ちをしっかりと受け止めることができるようになっていました。そして、I2くんからの愛着行動も頻繁に見られるようになり、最近ではよくいたずらをしたり、甘えてきたりして、ますます可愛くなってきた矢先のことでした。

この担当保育士は、それまでは自分だけに愛着行動を示していたI2くんが、この担任の保育士を避けて他の保育士に甘えているのを見ると，今までＩ２くんのことをひたすらに思い，多大な時間とエネルギーを費やしてきたことが何だったのかと疑問に思う一方，手持ち無沙汰で，なんだか心の中に空白ができたような気持ちになったのです。そして，子どもが離れていくさみしさと離しがたい気持ちに悩んでいました。

さて，このような気持ちはどこからくるのでしょうか，逆に考えてみるとＩ２くんの存在によって，この保育士自身の仕事が充実したものになっていたのでしょう。自己の職業的アイデンティティーを，Ｉ２くんの保育を通じて獲得していたわけです。Ｉ２くんはこの保育士にとっても非常に重要な存在であり，愛着対象でもあったのです。それを失う喪失感に襲われたのでしょう。今までの関わりの中で育ってきた人への情緒的関係を求める行動が，他に向けられることは，Ｉ２くん自身の成長の証であり，その姿は非常に嬉しくもあるはずですが，自分から離れていく一抹の寂しさとアイデンティティーに対する不安につながったのです。

子の巣立ちは心の痛みや不安を伴うものですが，子どもの自立をしっかりと受け止めていくことも，保育者自身の自己実現の一部でしょう。

このような過程を適切にたどることが，子どもを分離・個体化へと促し，社会的刺激の中へ送り出すきっかけになるのです。逆に，保育者自身の分離・個体化が達成されていなければ，このような出来事に触発されて対象喪失感に捕らわれてしまい，適切な距離を柔軟に保つことができなくなる恐れがあります。しかし，ここでＩ２くんがこの担当の保育士の膝元から離れたのは，それまでにこの保育者との間に形成された「絆」が確かなものになっていたからだとも考えられます。

●保育者にとっての自己実現とは

障害の種類や程度に応じた配慮と関わりにより少しでも改善を図りながら、いかに集団とうまく関わり、その中で困難を克服し、いかに子どもの成長を促すかといったことが障害児保育の課題のひとつでもありました。この大きな課題を達成することは非常に難しいことですが、この目標に子どもとともに日々わずかずつでも近づいていく姿勢をいつも保ちつつ保育を行っていくことにより、保育者自身も大きく成長を遂げていくでしょう。このような意味において、障害児保育に限らず、保育は保育者自身の自己実現の過程そのものだと言えます。つまり、「出会い」の時点においては今まで見えなかった子どもの発見と同時に自己の発見があり、今まで求めていたもの（子どもの成長した姿あるいは自己の姿）との「出会い」が実現されるような場として捉えていくこともできるのではないでしょうか。

このような保育者自身が自己実現を実感できるような保育とは、さまざまな保育方法を子どもとともに追求し、悩み、そして考えていく「過程」そのものであるように思われます。そして、このようなさまざまな過程を通り抜けたとき、たとえ保育目標が完全に達成できなくとも、「この子を保育してよかった」といった実感と保育者自身の自己実現が得られるのではないでしょうか。

6　ＡＳＤ児の生活の質（ＱＯＬ）を変える

幼児期に保育所でのわずか数年間の生活を通じて、その後の長い生活の質（ＱＯＬ）を変えるというのは非常に大胆な考えかもしれません。しかし、保育所生活を通して情緒的交流が芽生え、先生や周りの子どもたちとのやり取りができ、やがてさまざまな子どもたちとの日常的な交流と遊びを通じて、集団で遊ぶ楽しさや、意思疎通の体験がわずかでもできるようになった子どもたちは、他者との情緒的関係ができない状態と比べて、その後の対人関係の質は大きく異なるでしょう。

筆者は長年の巡回相談活動を通じて、多くのＡＳＤ児が早期からの保育所での適切な関わりによって、情緒的反応が芽生え、やがて初期的な交流ができるようになり学童期に入っていくケースをたくさん体験しました。保育所には０歳から５歳までの子どもが、一日８時間以上の生活を毎日ともにし乳幼児期から兄弟のように育つ集団があります。そこには日常的な関わりを常時保つことができる環境があるのです。そして、その関係の中で基地となる担当保育士が生活や遊びを通じて情緒的関係の形成を図ることができます。

このような恵まれた保育環境では、これまで述べてきましたようにＡＳＤ児のほとんどのケースに対人関係の質的変化が見られます。今やＡＳＤは治すとか矯正するとかいうことではなく、その特性のいくつかはいかに個性としてあるいは特技として改善し、社会適応できるような形に変えていくかということが課題なのです。そのために最も重要な情緒的交流と自我形成、いわゆる心の育ちを早期に保育所で達成することは、その後の学童期とそれに続く思春期のＱＯＬを大きく変えると言えるでしょう。

また、子どもの変化は、当然その親御さんとの関係性の変化抜きには考えられません。子どもに情緒的な反応が出てくると、親御さんの子どもに対する認識が変わります。それまで排泄ができない、偏食が改善しない、おかたづけができないといった目に見える行動上の事柄にばかり気にして鬱々としていた母親が、急に明るくなり、晴々とした表情で「最近、目を見て要求するようになりました」と情緒的な体験を話してくれることがあります。身の回りのことは大きな問題ではなくなって、確かな情緒的な反応の手応えと気持ちが通じ合う喜びをかみしめるでしょう。気持ちさえつながれば、生活習慣は時間をかけてじっくりとやっていけばいいのだといった見通しができるからです。いつになったら偏食がなくなるのだろうか、いつまで、排泄の失敗が続くのだろうか、気になる癖がどうしたら無くなるのだろうか、見通しのつかない先行き不安から、子どもを受け入れるどころか、気になる事柄がすべてなくなることや突然障害が消滅する奇跡を願って、さまざまな特効薬や訓練を捜し求めるのです。

「排泄はできるようになりました、だけど食事は好き嫌いがまだいっぱいあります。どうしたら、いいでしょうね」。また、「集団のところには一緒に居られるようになりました、だけど一緒には遊んではいないんですよね」と次の発達の状態にまで達していない不満を漏らす親御さんがいます。親御さんにとって、完全に障害が無くならなければこの不満は解消しないわけですから、排泄ができるようになっても、障害は多少軽減されてもそれは依然としてあるわけですから、このような言葉は当然かもしれません。

しかし、子どもとの情緒的交流が生まれ、子どもの心が読めるようになったときは、子どもの自立的行動ができるようになったときとは違った関係がそこに生まれるでしょう。「障害をそのまま受け止めること」は、障害児を持つ親御さんにとって非常に大きな難題でもあります。障害のみに目が向いているときは、その障害を「少しでも軽くするには、治すにはどのような方法があるのか」「いい医者はいないのか」といったように、より効果的な方法を求め、多大なエネルギーを投入します。このような幻想に捕らわれている一方で、日々の生活や集団の中で育ってきた子どもの状態から、「子どもの表情が非常によくなり、笑顔を返してくれるようになった」「母親を必要とし甘えるようになった」「母親の気持ちに応えてくれた」といった現実の変化が見られるようになったとき、母親の子どもに対する認識は今までの障害ばかりに目が向いていたときのものとは、まったく違ったものになります。気持ちが通じ合うことの意義は、わが子への認知そのものを変えて、全体の一個の個性、あるいは人格を認識するのでしょう。その子なりの育ちがあり、その絶対的な価値や尊厳をそのまま受け止めることができるようになったのです。

ある進行性の脳障害で植物状態になった夫の健康管理だけの日々を送っていた妻が、脳波の反応で「ぴっ」と機械音を出す装置をつけて、やり取りができるようになり、夫の反応だけで詩集まで出版し、家族関係も変わっていったドキュメントがテレビで報道されていました。コミュニケーションがとれることが分かったときから、この夫婦と家族の生活の質がまったく違ったものになりました。そして、映像で見ているだけでもはっきりと分かるくらいに妻の表情が生き生きとしてきた様子が、非常に印象的に筆者自身の中で残っています。これほどまでに「情緒的な交流」の持つ意義が大きいのかと改めて認識しました。

障害児を持つ親御さんが育児の苦労の末に、このような情緒的な手応えをどの時点で得ることができるのかは非常に重要な問題でしょう。できる限り早い時期に子どもとの「心の出会い」を経験することができるように、適切な援助を行っていくとともに偶然的なチャンスを逃さぬよう感覚を磨いておくことが大切でしょう。またそのような感性を持つことが、保育士や幼稚園の教諭そして相談機関などの関係者に求められているのではないでしょうか。

おわりに

今振り返ってみると、その特徴や対処の仕方も分からず、まさに暗中模索をしながら多くの自閉症の子どもを受け入れ、保育士たちの献身的な努力のもとになされてきた障害児保育は、自閉症の子どもたちにとっては、地域の子どもたちが遊びと生活を営む豊かな人的刺激のもと対人関係の改善を図る最善の場であったかもしれません。

筆者は最初の職場である大阪府の金剛コロニー（大型知的障害者専門施設）で自閉症を含む重度障害児たちの療育に１９７２年から数年間携わっていました。この知的障害者入所施設での生活は、保育所での保育環境とは質的に明らかに異なるものでした。地域の保育集団は遊びや生活、言語等豊かな刺激が満ち溢れ、子ども同士の活発なやり取りが常時見られ、そしてぶつかり合い、お互いの調整機能が適切に働く集団のダイナミズムがありました。つまり、集団には、修正と整理、ノーマライゼーションといった健全化へと発展する機能がその中に潜んでいるのです。ノーマライゼーションとは一般化のことです。これは大多数が共有できる概念やルール、習慣や行動であり、発達障害児の対人関係の改善に最も必要とされる社会的刺激です。

そして１９７６年から、筆者は障害児の保育所巡回相談を始めましたが、そのとき最も驚いたことは保育所にいる障害児には自傷行動がほとんど見られなかったこと、そして偏食が非常に少なかったことです。また、保育所では担当保育士にべったりと甘えたり、しがみついたりする行動を示すＡＳ

Ｄの子どもがいたことです。当時ＡＳＤ児は自己を閉ざし、愛着行動が見られないと言われており、筆者が勤めていた専門施設の利用者は小学生以上の年齢だったこともあって、このような関係はほとんど見られませんでした。今考えると、保育所でのこのようなしがみつきは不安定愛着を示していたのかもしれません。しかし、新たな愛着対象に出会うことができたＡＳＤ児は、不安定な関係性を修復あるいは再構成することができ、確実に対人関係の改善と発達的変化を示したのです（廣利他、１９８８）。

自己抑制が弱く爆発的な行動が出てしまういくつかの事例は、以上のような対応がまだ早期からなされていなかった時代に育った年長児で、対人関係や言語表現が困難なために集団の中で対人的トラブルを絶えず起こしていたのです。また、自我の未熟さや主客の混乱があり対人関係がうまく結べないために、小さな集団内でもトラブルを繰り返すなどの悪循環に陥ってしまい、その後人格を形成していくときに精神病理的な問題を呈するまでに発展するケースもあります。

本書では、障害児保育開始当初の混乱と試行錯誤の中、保育士の懸命な努力と熱意がＡＳＤの子どもの本質的な問題にフィットし、両者の間に愛着関係の芽生えが見られたこと、この二者関係を取り巻く子ども集団が社会性形成のモデルとなり集団力動を伴う遊びと生活が無理なく繰り返されたことが、健全な自我形成の要因として働いたことなどを、多くの具体的事例から重要なエピソードをピックアップして検討を加えました。

対人関係の問題が発覚し、保育所や幼稚園、あるいは地域での遊び集団の中でその発達の歪みや未熟さが改善される機会を得ることができた子どもは運が良かったのかもしれません。多くのＡＳＤ児たちは幼児期に、厳しいしつけや社会的行動形成の訓練を受けますが、子ども集団の中での関わりやぶつかりを通じた情緒的な交流を体験せずに大きくなり、社会的行動の形成はできても自我発達の脆弱さや情緒的な交流が難しいといった問題を残存あるいは増長させるケースも少なくありません。ASD児の特徴的な行動が容認・許容され、特に問題とされないような社会が実現されればよいのですが、ほとんどのケースはそのような環境には恵まれないのが現実です。むしろさまざまないじめに遭ったり、社会的マナーやルールに反する行動を繰り返す結果、蔑視や批判にさらされたり、攻撃されたり、挙句の果てには排斥や追放されたりすることもまれではありません。そのような環境の中でさまざまなトラウマ（心的外傷）を抱え込んでしまい、二次的な社会性の障害を被り、その結果被害念慮や鬱状態に陥り、中には精神病理的な症状を呈するケースもあります。

最近、障害児の育児支援や発達相談、その他さまざまなサービスを市町村や各種福祉施設で実施している地域もずいぶん増えてきました。保健所、児童相談所、家庭児童相談室、あるいは保育所や幼稚園、子ども発達支援センターなどです。障害児を持つ親御さんは、決してひとりで育児や家庭の問題を抱え込まないこと、悩むことがあれば、まず、だれか身近な人に相談をするか、専門の相談機関を訪ねることが大切です。親御さんが子どもとしっかりと向き合うためにも、信頼できる専門家の適切な助言が必要であり、それがあれば親御さんも安心して育児ができるのではないかと思います。

親御さんたちは相談に的確に応えてくれる相談場所を積極的に探して情報を収集することも大切なことです。待っていて適切な情報が飛び込んでくることは非常にまれです。一方、次々と相談機関や病院を変えて情報を整理できず、混乱してしまうのも問題です。子どもの障害が曖昧でその原因や治療法が明確にされないとき、「納得できる診断」を下してくれる医師に出会うまで次々と医療機関を変えていく、いわゆるドクターショッピングをするケースがあります。親御さんとしては、子どもの健やかな育ちを願うのは当然だと思います。そして、1日でもはやく安心して支援を受けることができる相談機関や病院を見つけることは、子どもにとっても親御さんにとっても大切なことです。しかし、100%満足できるところは決してありません。ある程度の妥協をしなくては、いつまでたっても信頼関係は形成されず、安心して子どものセラピーや発達支援を任せることはできないでしょう。

専門医療機関や療育・相談機関、特定の障害について豊富な情報や指導経験のある人もいれば、そうでない新米の専門家もいます。しかるに、わが子については他の誰よりもよく知っている親御さんが、むしろ情報を先生に提供し、ともに勉強していく姿勢の方が、両者が成長することになり、ひいては子どもの支援の質的向上につながっていくでしょう。子どもを挟んでともに前向きに考えていくよきパートナーとして、専門家と親御さんがそれぞれの役割を担っていくことが大切です。

また、「親の支援グループ」などは、さまざまな情報を収集するのに非常に有効な場だと思われます。子育ての悩みやうれしかったことを共有し、互いに気持ちを支え合うこともできます。2000年に新しい診断名が使われるようになった頃、「広汎性発達障害」の診断名については多くの親御さんや保育士が混乱させられました。「5歳児で字も読める、ときどきかみ合わないが日常的な会話には不自由をしない」「ときどき集団から飛び出すが、特に大きな問題は起こさない」「たまに機嫌が悪くてパニックになるが普段はきわめて行儀がよい」といったように、このような子どもについて、何が問題なのか親御さんや保育者は理解ができませんでした。そして、「これからどうなるのか?」「どうすればよいのか?」「何が問題なのか?」といった疑問に対しても満足な答えを与えてくれる専門家がいない状況に置かれて、親御さんの中にはさまざまな疑問や憶測そして不安に捕らわれてしまう人もいました。

このようなときにも、同じような体験をしながら、さまざまな子どもの問題を乗り越えてきた親御さんの経験談は非常に心強いものでしょう。筆者は、過大な期待や幻想ではなく、少し先の見通しを持って着実に子どもとの絆を強め、集団での生活が徐々にスムーズにできるように日々の小さな積み重ねを行ってきたたくさんの親御さんに出会ってきました。このような親御さんの一言一言は真に力強く、大きな安心を与えてくれるでしょう。毎日涙でクチャクチャになっていたお母さんが、1年もすれば新しく保育所に入ってきた親御さんに対して、自分が体験したことを基にアドバイスや心的支援をしている姿をよく目にします。

どんなに軽微な状態でも障害を持つ子どもを育てるという現実には、ひとりでは耐えられないほどの悩みを抱え込んでしまうこともしばしばあると思います。直面するさまざまな問題にしっかりと対峙し自己を見つめようとする態度が自己を育てるでしょう。子どもの心を育てる親御さん自身が、わが子の親としてしっかりと子どもの能力や性格、そして情緒的な育ちを見守っていくことは非常に重要なことです。さまざまな問題にぶつかったとき、それにどのように対処し克服してきたのかといった親御さん自身の体験は、どのようにわが子をサポートするのかを、理屈ではなく身をもって具体的にイメージすることができ、子どもが困難を乗り超えていくときに、本質的な援助方法を見出す助けとなるでしょう。

最近、子育て支援サービスなども進んできており、保育所の親の会、地域の障害児グループなど、さまざまな機会を利用することをおすすめいたします。親御さん同士で考えていても、解決方法に行き詰まってしまったり、情報が片寄ってしまったりします。そのようなときは外から情報を取り入れることが必要です。専門家を巻き込むことで、ときどき方向性のチェックと入り乱れた情報を整理することも可能です。

一方親御さんを支援する人は、さまざまな分野の専門家を囲んだ勉強会の開催やスーパービジョンを受けることも大切です。また、マスコミや情報誌を鵜呑みにするのではなく、個々の子どもに合わせた配慮をしていくためにも、地域の社会資源に精通しフルに活用することは重要だと思われます。

障害児保育の保育支援活動を中心として行ってきたさまざまなアプローチがその後幾度もの修正や展開を経て本書に記したような発達支援内容となり、今日まで続けてきました。

今回は当初の障害児がどのような経緯で保育所を利用できるようになったのか、そして障害児保育の妥当性や保育内容の基本的姿勢等について、今日まで発展してきた発達心理学、乳幼児精神医学領域における理論的な枠組みで再度見直すことを試みました。

こうして、一冊の本としてまとめてみると、これまで行ってきたＡＳＤ児への基本的なアプローチのほとんどが今まさに発達障害児の支援で必要とされ、障害児の発達臨床に携わる専門家にとって必修の課題として掲げられている内容でした。つまり、家族支援、多職種連携、アウトリーチ、インフォームドコンセント、定期的発達アセスメント、親および保育者へのフィードバック、ニーズに応じた包括的支援、evidence based approach（研究論文・学会発表など）、身体障害や疾病を伴うケースの専門機関との連携、愛着関係、メンタライゼーションなどです。これらすべて、さまざまなケースとの出会いの中で必然的に生まれてきたものばかりです。

これらの基本的な事柄は事例を通じて触れてきましたが、本書で最も言いたかったのは、子どもとの関わりの中で、真に共感的な心のつながりと子ども同士の自然な情緒的交流やダイナミクスを捉えていく感性が重要だということです。こうした臨床場面での「心のつながり」の質や共感性についての具体的なエピソードなどが、発達臨床を学ぶ方たちの参考になれば幸いです。

最後に、福村出版社長の宮下基幸氏は、本書出版の意義に理解を示し、出版への対応をしてくださいました。また、編集部の平井史乃さまには、編集ならびに校正など多大な労力と時間をおかけしましたが、宮下社長以下編集部の皆さまのお陰でなんとか上梓できましたことを心から感謝いたします。

また、全般にわたって助言や校正に力を貸してくれた妻・光里に感謝いたします。

参考文献

J. G. Allen, P. Fonagy 2006 The Handbook of Mentalization-Based Treatment John Wilery & Sons ltd.

S. Baron-Cohen, A. M. Leslie, U. Frith 1985 Does the autistic child have a 'theory of mind', Cognition, 21(1), 37-46.

S. Baron-Cohen, H. Tager-Flusberg, D. J. Cohen 1993 Understanding other minds -Perspectives from autism Oxford University Press

A. W. Bateman, P. Fonagy 2004 Psychotherapy for Borderline Personality Disorder Oxford University Press, New York.

J. Bowlby 1969 Attachment and Loss Vol.1. Attachment. New York: Basic Books.

A. Bremer 2014 The multisensory milieu in early life : How infants and children construct multisensory representation of their bodies and the world 日本発達心理学会 第25回大会論文集 １１８-１１９

E. Fombonne 1997 'Epidemiological Surveys of Infantile Autism', in F. VOLKMAR (ed.) Autism and Pervasive Developmental Disorders. Monographs in Child Psychiatry No. 2. Cambridge: Cambridge University Press.

U. Frith, C. D. Frith 1991 Elective affinities between schizophrenia and childhood autism .In P. Bebbington(ed). Social Psychiatry :Theory, Methodology, and Practice 20-34 New Burunswick, NJ : Transaction.

G. Gergely, J. Watson. J. 1999 Early social-emotional development: contingency perception and the social biofeedback model. In P. Rochat (ed.), Early Social Cognition: Understanding Others in the First Months of Life (pp. 101-137). Hillsdale, NJ: Erlbaum

S. J. Rogers, S. Ozonoff, C. Maslin 1991 A comparative study of attachment behavior in young children with autism or other psychiatric disorders Journal of The American Academy of Child and Adolescent Psychiatry. 30 (3) 483-488

A. Sameroff 1975 Transactronal models in early social relations. Human Development 18(1-2)65-79.

M. Sigman, J. A. Ungerer 1984 Attachment behaviors in autistic children. J Autism Dev Disord. Sep; 14(3) 231-44.

T. Shapiro et al. 1987 Attachment in Autism and Other Developmental Disorders Journal of The American Academy of Child and Adolescent Psychiatry26, 480-484.

参考文献

E. Spillius (ed.) 1988 Melanie Klein Today Vol.1: 'Mainly theory' and Vol. 2: 'Mainly practice'. Routledge.

D. Stern 1985 The Interpersonal World of the Infant. A View from Psychanalysis and Devwlopmental Psychology Karnac, London.

浅井朋子、杉山登志郎、小石誠二、東 誠、並木典子　２００７　高機能広汎性発達障害の不適応行動に影響を及ぼす要因についての検討　小児の精神と神経　47（2）77－87

T・アトウッド　富田真紀他訳　１９９９　ガイドブックアスペルガー症候群　東京書籍

アメリカ精神医学会　日本精神神経学会（日本語版用語監修）　高橋三郎、大野裕監訳　染矢俊幸、神庭重信、尾崎紀夫、三村 將、村井俊哉訳　２０１４　ＤＳＭ－５──精神疾患の診断・統計マニュアル　医学書院

アメリカ精神医学会　高橋三郎監訳　ＤＳＭ－Ⅳ──精神疾患の分類と診断の手引き　１９９５　医学書院

荒井 良　１９７６　胎児の環境としての母体──幼い生命のために　岩波新書

J・G・アレン、A・W・ベイトマン、P・フォナギー著　狩野力八郎監修　上地雄一郎、林 創、大澤多美子、鈴木康之訳　２０１４　メンタライジングの理論と臨床──精神分析・愛着理論・発達精神病理学の統合　北大路書房

池田暁史　２０１３　愛着理論とメンタライゼーション　精神分析研究　57・1　12－21

井上雅彦　２０１０　二次障害を有する自閉症スペクトラム児に対する支援システム　NO TO HATTATSU　42　（3）２０９－２１２

D・ウイリアムズ　河野万里子訳　１９９３　自閉症だったわたしへ　新潮社

D・ウイリアムズ　河野万里子訳　１９９６　こころという名の贈り物──続・自閉症だったわたしへ　新潮社

D・ウイリアムズ　河野万里子訳　２００２　ドナの結婚──自閉症だったわたしへ　新潮社

L・ウイング、久保紘章他訳　１９９８　自閉症スペクトル　東京書籍

上田 敏　１９８３　リハビリテーションを考える──障害者の全人間的復権　青木書店

R・H・エムデ　１９８８　乳児からの報酬：情緒応答性と母親参照機能　乳幼児精神医学　岩崎学術出版社

岡田尊司　２００５　悲しみの子どもたち──罪と病を背負って　集英社新書

岡田尊司　２０１２　発達障害と呼ばないで　幻冬舎新書

M・ガブリエル　山崎庸一訳　１９６８　旅する人間　マルセル著作集4　春秋社

川﨑二三彦、松本俊彦他　2013「親子心中」に関する研究（2）子どもの虹情報研修センター
菊池裕義　2013　精神分析からメンタライゼーション　精神分析研究57・1　5-11
栗田広　1998　広汎性発達障害　全国心身障害児福祉財団
小西行郎　1997　発達障害の早期発見・早期介入のあり方に関する研究　平成9年度厚生省心身障害研究
厚生省　1974　障害児保育実施要綱
厚生省　1998　厚生白書（平成10年版）第1編 第1部 第2章 第4節1　母親と子
櫻本豊己他　2014　小学校低学年における「心の理論」の成立と行動面・情緒面の問題に対する支援についての考察　奈良教育大学教育実践センター研究紀要第23号　48-54
芝祐順　1979　因子分析法〔第2版〕　東京大学出版会
杉山登志郎、辻井正次　1999　高機能広汎性発達障害　ブレーン出版
杉山登志郎　2000　自閉症の体験世界――高機能自閉症の臨床研究から　小児の精神と神経　40（2）88-100
D・N・スターン　小此木啓吾、丸田俊彦監訳　神庭靖子、神庭重信訳　1989　乳児の対人世界 理論編　岩崎学術出版社
世界保健機構（WHO）融道男他監訳　1993　ICD10――精神および行動の障害　臨床記述と診断ガイドライン　医学書院
滝吉美知香　2014　自閉症者の自己に関する研究の動向（特集 自閉症スペクトラムの人の「自己理解」を育てる）Asp heart ＝アスペハート　広汎性発達障害の明日のために13（1）32-39　アスペ・エルデの会
多田早織、杉山登志郎、西沢めぐ美他　1998　高機能広汎性発達障害の児童・青年に対するいじめの臨床的検討　小児の精神と神経　38（3）195-204
髙橋国法、石本豪、新野由理子　2012　個人面談とグループを活用した自閉症スペクトラム障害学生の支援　――「二次障害」（心的外傷）を想定した関与　学生相談研究33（2）127-138
辻悟　2001　治療精神医学の実践――こころのホームとアウェイ　創元社
土屋賢治、松本かおり、武井教使　2009　自閉症・自閉症スペクトラム障害の疫学的研究の動向　脳と精神の医学20　4　295-304

参考文献

中根允文　２０００　自閉症の疫学と遺伝　小児の精神と神経　40（2）　79‐87

S・バロン＝コーエン他　田原俊司監訳　小林 真、三隅輝見子、矢部富美枝訳　１９９７　心の理論―自閉症の視点から（上）・（下）　八千代出版

廣利吉治　１９７５　知的障害者の能力次元――身辺処理能力尺度について　関西大学社会学部紀要　第7巻2号　１７５‐１８６

廣利吉治他　１９７６　東大阪市障害児保育研究会障害児保育実践報告１　保育研究室

廣利吉治、西村 健　１９８５　発達遅滞児の対人関係障害と自閉症児――「対人関係行動尺度」および「身辺処理能力尺度」による　日本教育心理学会第27回総会発表論文集　９１８‐９１９

廣利吉治、渡部 純、松本和雄　１９８８　自閉性障害幼児の発達評価システムに関する検討　教育心理学研究　第36巻3号　２４６‐２５７

廣利吉治編　１９８８　障害の重い子どもの保育Ｉ　東大阪市障害児保育事例研究会

廣利吉治編　１９９０　障害の重い子どもの保育Ⅲ――小集団保育形態について　東大阪市障害児保育事例研究会

廣利吉治編　１９９０　障害児保育実践報告　東大阪市障害児保育事例研究会

廣利吉治、松本和雄、渡辺 純、西村 健　１９９０　自閉症児の愛着行動とその指導――保育集団内における対人交渉の分析　小児の精神と神経　日本小児精神神経学会　第30巻１・２号　67‐76

廣利吉治　１９９１　自閉性障害幼児における愛着行動の形成についての縦断的研究――Ｈ式障害幼児評定尺度（ＨＲＳＨ）による　大阪大学医学雑誌　大阪大学医学部　第43巻　6‐8合併号

廣利吉治、松本和雄、渡辺 純、桜井秀雄、西村 健　１９９２　親の養育態度と子どもの発達（Ｉ）――その構造と病理について　心身医32（5）　３７５‐３８１

廣利吉治、渡辺 純、松本和雄　１９９４　幼児の養育環境と集団適応および心身症状――ＭＳ式養育態度診断検査および幼児集団適応評価尺度　児童青年精神医学とその近接領域35（5）　５０１‐５１８

廣利吉治　１９９６　障害児保育援助システム（１）　日本保育学会大会研究論文集49　８４６‐８４７

廣利吉治　１９９７　自閉性障害幼児の統合保育と並行した個別的アプローチ―間主観的アプローチによる共感的関係の形成　日

本発達心理学会　第8回大会
廣利吉治　１９９７　高機能自閉性障害幼児の内的世界と発達過程―ロールシャッハ反応、発達検査、絵による一考察　宮城学院女子大学・同短期大学附属幼児教育研究所研究年報　第6巻　33-47
廣利吉治、斎藤永子、佐々木圭子、菊田裕理、小暮佳世、渡辺 愛　２０００　障害児保育を取り巻く支持的集団の形成と心の育ち　宮城学院女子大学・同短期大学附属幼児教育研究所年報　第9巻　47-57
廣利吉治、牧野光里、塙 恭子、丸川里美　２０１２　自閉症スペクトラム障害児の集団遊戯療法とダイナミックアプローチ（１）――障害児保育支援システムから集団遊戯療法へ　東海学院大学紀要6　２８５-２９１
廣利吉治、牧野光里、塙 恭子、丸川里美　２０１２　発達障害児の初期徴候とダイナミックアプローチ――新版Ｋ式発達検査等によるアセスメントに基づく集団遊戯療法　日本発達心理学会23回大会論文集48
廣利吉治、牧野光里、塙 恭子　２０１４　自閉症スペクトラム障害の早期徴候とダイナミックアプローチ（３）――ＡＳＤの発達初期徴候がメンタライゼーション形成に及ぼす影響と予後　日本発達心理学会25回大会論文集　64
Ｐ・フォナギー　遠藤利彦、北山 修監訳　２００８　愛着理論と精神分析　誠信書房
Ａ・ベイトマン、Ｐ・フォナギー　狩野力八郎、白波瀬丈一郎訳　２００８　メンタライゼーションと境界性パーソナリティ障害――ＭＢＴが拓く精神分析的精神療法の新たな展開　岩崎学術出版社
Ｂ・ベッテルハイム　黒丸正四郎他訳　１９７３　自閉症　うつろな砦　１　みすず書房
Ｂ・ベッテルハイム　黒丸正四郎他訳　１９７５　自閉症　うつろな砦　２　みすず書房
Ａ・ポルトマン　高木正孝訳　１９６１　人間はどこまで動物か――新しい人間像のために　岩波新書
Ｍ・Ｓ・マーラー、Ａ・バーグマン、Ｆ・パイン他　高橋雅士、織田正美、浜畑紀訳　２００１　乳幼児の心理的誕生――母子共生と個体化　精神医学選書　黎明書房
Ｐ・ミッチエル　菊野春雄他訳　２０００　心の理論への招待　ミネルヴァ書房
村井憲男、足立智明編、廣利吉治他著　２００１　気になる子どもの保育と育児　福村出版
Ｒ・Ｄ・レイン　志賀春彦・笠原 嘉訳　１９７５　自己と他者　みすず書房

参考文献

鷲田清一　１９９６　じぶん・この不思議な存在　講談社現代新書
鷲田清一　２００８　死なないでいる理由　角川文庫
渡辺純、廣利吉治、松本和雄、桜井秀雄、西村健　１９９２　親の養育態度と子どもの発達（Ⅱ）――ＨＲＳＨおよびＭＳによる因子分析的研究　心身医32（６）４６３‐４７０
渡辺純、廣利吉治、松本和雄　１９９３　養育環境と幼児の心身症状――ＭＳ式養育態度診断検査による因子分析的研究　教育心理学研究41（１）１０６‐１１１

著者紹介

廣利吉治（ひろとし　よしはる）

東海学院大学客員教授。関西大学大学院社会学研究科修士課程修了後、1974年から東大阪市保育研究室にて障害児の養育相談および自閉症児のプレイセラピーや保育・教育現場への巡回相談に携わる一方、大阪大学大学院医学系研究科精神医学教室にて自閉症児の研究を続ける。1992年に「自閉性障害幼児における愛着行動の形成についての横断的研究――H式障害幼児評定尺度「HRSH」による」で博士号（医学）取得。その後、宮城学院女子大学教授等を経て現職。

臨床心理士として小学校や保育所との連携・支援活動を続け、愛知県岡崎市で「ぽぴーこどもの発達とこころの相談室」（HP：http://okabenkyou.s2.weblife.me/pg91.html.）を主宰。

主な著書に、『気になる子どもの保育と育児』（共著／福村出版　2001）、『発達心理学――健やかで幸せな発達をめざして』（共著／丸善出版　2015）など。

個人情報について

本書で扱った個人情報に関わる部分については、個人が特定できないようエピソードを断片的に利用しました。また、本書の趣旨に影響しない範囲で、内容を一部変更するなどできる限りの配慮を行いました。なお、学会誌や学会で発表したケースについては保護者にその都度ご了解を得ました。

愛着と共感による
自閉スペクトラム症（ASD）児の発達支援
エピソードで語る障害のある子どもたちの保育臨床

2018年 11月 25日　初版第1刷発行

著　者　廣 利 吉 治

発行者　宮 下 基 幸

発行所　福村出版株式会社

〒113-0034 東京都文京区湯島 2-14-11
電話　03-5812-9702　FAX　03-5812-9705
https://www.fukumura.co.jp

印刷・製本　中央精版印刷株式会社

ISBN978-4-571-42068-9　C3036